Kuba

Kuba

Ein Reiselesebuch

herausgegeben von
Jakob Strobel y Serra

Ellert & Richter Verlag

Inhalt

Jakob Strobel y Serra

Vorwort

Kuba ist kein Land. Kuba ist ein Lebewesen. Es ist etwas, das viel heftigere Gefühle auslöst als es ein Staat, ein Ding, ein Neutrum jemals könnte. Kuba lässt niemanden unberührt. So ist es schon immer gewesen, seit jenem 28. Oktober 1492, als Christoph Kolumbus auf seiner ersten Amerikafahrt die Insel sah und in sein Logbuch schrieb, dass er noch nie einen schöneren Flecken Erde zu Gesicht bekommen habe. Seither emotionalisiert und polarisiert Kuba, schürt rasenden Hass oder rettungslose Liebe, immer Leidenschaft, nie Gleichgültigkeit. An Kuba denkt man mit pochendem Herzen. Das kann wunderschön sein und entsetzlich schmerzen.

Viele haben versucht, diesen kubanischen Extremismus zu entschlüsseln. Niemand hat den Stein der Weisen gefunden. Es gibt tausend Erklärungsmuster, tausend gute Gründe und schlagende Argumente, die Kuba dann mit einem Handstreich wieder beiseite wischt. Liegt es an der Schicksalhaftigkeit dieser Insel, an den Turbulenzen ihrer Geschichte, die so traurig, so tragisch ist, dass sie eigentlich ein melancholisches Land hätte hervorbringen müssen? Das ist bestimmt ein möglicher Grund, doch die Kubaner zertanzen und zersingen ihn im nächsten Augenblick mit ihrer unbezähmbaren Lebensleichtigkeit. Ist die Ursache des Extremismus vielleicht der provokante Stolz der Kubaner, den keine Not, keine Repression, keine Hoffnungslosigkeit jemals zerstören kann? Gut möglich, doch je mehr kubanische Literatur man liest, desto skeptischer wird man. Denn der ganze Stolz kommt einem eher vor wie verzweifelter Trotz, wie Rum getränkter Fatalismus.

Die Fakten helfen nicht weiter, sie liefern nur die äußeren Koordinaten. Kuba ist die größte Insel der Großen Antillen, 1250 Kilometer lang, kaum mehr als 100 Kilometer breit und gerade einmal 140 Kilometer von den Vereinigten Staaten entfernt. Wie eine lange grüne Echse liege sie in der karibischen See, hat der Dichter Nicolás Guillén geschrieben, bewohnt von elf Millionen Menschen. Sie verdanken ihr Auskommen vor allem dem Tourismus, dem Zuckerrohr, dem Tabak und dem Nickel-Abbau und müssen sich vor keiner Heimtücke der Natur fürchten. Denn auf der Insel gibt es nicht ein einziges giftiges Tier, keine Schlangen, keine Skorpione, keine Vogelspinnen, nur sanftmütige, gutmütige Natur. Hätte kein Mensch Kuba jemals entdeckt, wäre es wahrscheinlich bis heute eine Dependance des Paradieses. Doch es sollte anders kommen.

Wenn ein Land so wie Kuba fünfhundert Jahre lang an der vordersten Front der Geschichte steht, hat es zwei Möglichkeiten: Entweder es legt sich eine robuste Seele zu oder es zerbricht am Sperrfeuer der Historie. Kuba hat sich – zumindest tendenziell – für die erste Variante entschieden. Doch wer weiß schon, wie es in seinem Inneren wirklich aussieht.

Bei der Entdeckung und Eroberung Amerikas war Kuba das erste große Experimentierfeld der Spanier. Hier wurden all die grauenhaften Fehler gemacht, die Kastiliens Krone später auf dem lateinamerikanischen Festland einigermaßen vermied. Man versklavte die Ureinwohner, die friedfertigen Arawaken, zwang sie zur Fronarbeit auf den Feldern, setzte sie ungeschützt europäischen Krankheitserregern aus und brachte so die ursprüngliche Bevölkerung der Insel nahezu vollständig um. Wenige Jahrzehnte nach der Landung von Kolumbus war Kuba praktisch entvölkert. Es war zu einem Ort ohne Geschichte, ohne Wurzeln, ohne Vorväter geworden – zu einem Waisenkind der Zivilisation in der Obhut der nicht immer gütigen Pflegeeltern aus Kastilien.

Auf diesem leeren, weiten, fruchtbaren Feld entstand, unbeeinflusst von überlebenden Einheimischen, die unverkrampfteste Mischung aus Weiß und Schwarz in ganz Amerika. Jeder war ein Fremder auf der Insel, jeder fand auf ihr eine Heimat, die Emigranten aus dem spanischen Mutterland, die Sklaven aus Afrika, die Flüchtlinge von den anderen Karibikinseln, die im Laufe der Jahrhunderte in die Hände der Franzosen, Briten oder Niederländer gefallen waren. Und da das politische Zentrum des spanischen Kolonialreiches schnell von Havanna nach Mexiko-Stadt, Cartagena de Indias und später Buenos Aires verlegt worden war, nistete sich auf Kuba auch nicht die raffgierige, sich grundlos überlegen fühlende und sentimental an Spanien hängende Oligarchie ein wie anderswo in Lateinamerika.

Als Kuba dann dank des Zuckerrohrs und des Tabaks im 18. und vor allem 19. Jahrhundert reich wurde, waren die neuen Herren keine degenerierten Adelsmänner aus dem Mutterland, sondern mutige Einwanderer aus Galicien, Katalonien und dem Baskenland, die mit ihrer Hände Arbeit ihr Glück gefunden hatten. Deswegen entstand auch kein Antagonismus zwischen separatistischen Revolutionären und monarchistischen Reaktionären wie in Mexiko, Venezuela oder Argentinien, der in blutigen Auseinandersetzungen eskalierte und dort viel früher als auf der Insel des Zuckers zur Unabhängigkeit führte. Kuba hingegen lebte einigermaßen in Frieden und Eintracht, treu am Rockschoß des Mutterlandes, auch wenn die offizielle Geschichtsschreibung heute die Freiheitshelden des 19. Jahrhunderts göttergleich verehrt.

Lange sollte das Glück nicht währen. Es wich abermals der undankbaren Aufgabe, Symbol und Pionier zugleich zu sein: Im Spanisch-Amerikanischen Krieg von 1898 verlor Spanien seine letzten Kolonien – die Philippinen und vor allem Kuba, das jetzt heimatlos war, ein Land mit einer geschenkten Freiheit, die es sich gar nicht so sehr gewünscht hatte. In Spanien war der Jammer groß, aber auch die Erleichterung, das bleierne Erbe des einstigen Weltreiches endgültig los zu sein; eine ganze Schriftstellergeneration, die „Generación del 98" mit Miguel de Unamuno an der Spitze, verabschiedete sich wehmütig von der schönen Insel. In Kuba aber stand schon die nächste Pflegemutter drohend vor der Tür: die Vereinigten Staaten, für die der kleine Nachbar nun zum Experimentierfeld eines aggressiven Imperialismus wurde, nur notdürftig kaschiert von der Maske der Demokratie.

Der Rest der Geschichte ist bekannt. Havanna degenerierte zum Bordell Amerikas. Die Mafia um Meyer Lansky riss sich das halbe Land unter den Nagel. Der Despot Batista wurde zum Archetypus des lateinamerikanischen Tyrannen von Washingtons Gnaden. Fidel Castro und Ernesto Che Guevara rebellierten. Und sehr viele Menschen applaudierten, als sie im Januar 1959 triumphal in Havanna einzogen.

Und weiter geht es mit der kubanischen Tragik: Ein paar Jahrzehnte lang konnte sich der Sozialismus auf der Zuckerinsel seiner siegreichen Illusion hingeben. Dabei wurde Kuba von den Genossen Bruderländern nur aus geopolitischen Gründen durchgefüttert. Als der Ostblock verschwand, brach das Kartenhaus aus lauter Lebenslügen in sich zusammen. Seither versucht die Kommunistische Partei Kubas, mit den Deviseneinnahmen aus dem Tourismus das zu retten, was nicht mehr zu retten ist. Der Preis dafür ist der Verlust der Würde und Selbstachtung vieler Kubaner, den größten Errungenschaften von Fidel Castros Revolution. Jetzt gehen diese Werte vor die Hunde, weil sich ein ganzes Land im Wortsinne prostituieren muss, um nicht zu verhungern – ein schmerzvoller Anblick.

Jedes andere Land der Erde hätte mit diesen Volten und Lügen, diesem Selbstbetrug und dieser Heuchelei längst die Achtung der ganzen Welt verloren und wäre zum Paria geworden. Doch was geschieht mit Kuba? Die Welt nimmt es zärtlich in den Arm, streichelt ihm über den Kopf und spendet ihm Trost. Sie liebt seine Musik, seinen Rum, seine Zigarren, seine Laszivität. Und dem siechen Diktator Castro wünschte man baldige Genesung – seinem ebenfalls kranken Tyrannenkollegen Kim Jong-il aus Nordkorea, dem anderen letzten sozialistischen Dinosaurier, wünscht man die Pest an den Hals.

Unerschütterlich ist die Sympathie, die Kuba entgegengebracht wird, nicht nur von nostalgischen, unverbesserlichen Alt-Achtundsechzigern, sondern von hoch angesehenen Menschen wie Gabriel García Márquez, dem berühmtesten Schriftsteller Lateinamerikas und guten Freund Fidel Castros. Auch der Fußballspieler Maradona zeigt sich gerne mit dem kubanischen Politbüro und sucht auf der Insel Linderung von seinen Exzessen. Che Guevara ist zur internationalen Ikone geworden, zum Sinnbild des schönen Mannes mit hehren Idealen. Wen interessiert da schon die Wirklichkeit, an der Che grandios gescheitert ist.

Ein anderes Beispiel lieferte Wim Wenders. Er wollte mit seinem „Buena Vista Social Club" eigentlich gar keinen Film über kubanische Musiker drehen, sondern über den amerikanischen Produzenten Ry Cooder, der in Kuba eine Platte aufnahm und dafür Musiker suchte. Und was geschah? Der Film wurde dank der steinalten Mitglieder des Sozial-Clubs zum erfolgreichsten Dokumentarfilm aller Zeiten, seine Protagonisten Ibrahím Ferrer, Omara Portuondo und Compay Segundo avancierten im Greisenalter noch zu Weltstars.

Auch das Halbnackten-Cabaret „Tropicana" – bei Licht besehen eine ziemlich durchschnittliche Revue mit exzessivem Federboa-Einsatz – wird weltweit bewundert als Inkarnation der sinnlich-sündigen

Show, als unerreichtes, getanztes Erotikon. Und die Verführungskunst der kubanischen Frauen und Männer ist – dank des Wirkens des Massentourismus – inzwischen weltweit legendär: Kein Land auf Erden gibt es, in dem man seinen sexuellen Appetit so leicht und genussvoll stillen kann.

Wer sonst ruft so viele positive Bilder bei einer so traurigen Gegenwart hervor? Welchem anderen Staat könnte das kubanische Kunststück gelingen, eine sozialistische Diktatur mit der ganzen Klaviatur der Repression zu sein und sich gleichzeitig erfolgreich als Paradies unter tropischer Sonne zu vermarkten?

An Kuba kann man verzweifeln, so wie an einer kapriziösen Frau, die man vergöttert und an deren Treulosigkeit, deren Wankelmut man zerbricht. Man liebt sie und weiß, dass es ein Fehler ist. Man kann den Staat mit Fidel Castro, diesem starrköpfigen jahrzehntelangen Comandante en Jefe, verfluchen und will im selben Augenblick seine proletarischen Untertanen in den Arm nehmen, sie können ja nichts dafür. Man kann Kuba verdammen, es gibt so viele gute Gründe. Man kann es aber niemals vergessen, wenn man nur einmal dort gewesen ist und seine Menschen kennengelernt hat.

Selbst die Touristen, die nur einen schüchternen Blick aus ihren All-inclusive-Hotels in die kubanische Realität zu werfen wagen, werden die Schönheit dieser Insel sofort begreifen. Kuba ist unfassbar schön, es blendet seine Besucher mit seiner Anmut und Üppigkeit, seinem Witz und seiner Lebenslust. Es beschenkt sie verschwenderisch, es überschüttet sie mit Reizen: der maßlose Dschungel der Sierra Madre, die endlosen Tabakfelder in Pinar del Río, die Bacardi-Buchten von Holguín, die dunklen Ahnungen des Aberglaubens in den Kopfsteingassen von Trinidad, der Hauptstadt des Santería-Kultes, die bedrohliche, nur mühsam gezähmte Leidenschaft der wunderbaren Stadt Santiago de Cuba, die jederzeit unter einem fürchterlichen Wutausbruch erzittern kann, die großherzige

Morbidität von Havanna, dieser Sterbensschönheit – das alles kann jeder auf dieser Insel erleben. Sie gibt ihren Besuchern alles und lässt sie mit nichts zurück.

Dieses Reiselesebuch kann nichts anderes sein als ein Spiegelbild von Kubas Widersprüchen. Um die turbulente Biografie des Landes nicht noch verwirrender zu machen, hält es bei der Auswahl der Texte eine streng chronologische Reihenfolge ein. Die Konzentration auf Havanna ist dabei unvermeidlich, weil Kuba schon immer ein zentralistischer Staat gewesen ist und die Musik nicht nur metaphorisch in der Hauptstadt spielt. Die meisten Schriftsteller, Maler, Musiker, Intellektuellen zieht es bis heute nach Havanna, weil ihnen die Provinz – und die sozialistische mehr als jede andere – mit ihrer Trostlosigkeit keine andere Wahl als die Flucht lässt. Und dass in diesem Reiselesebuch überwiegend männliche Autoren vertreten sind, ist keine böse Absicht, sondern ein unvermeidlicher Tribut an den latenten Machismo lateinamerikanischer Gesellschaften – auch literarisch haben dort immer noch viel mehr Männer als Frauen eine Stimme.

Die chronologische Reihenfolge ist auch deshalb zwingend, weil sich Kuba so oft gehäutet hat, dass man die Texte nur im Kontext ihrer Entstehungszeit verstehen kann. Es ist nicht sinnvoll, eine phantasmagorische Reise durch die Nacht Havannas in den sündigen Zeiten Batistas, wie sie Guillermo Cabrera Infante in seinen „Drei traurigen Tigern" beschreibt, mit einem ähnlichen Zug durch die matt schimmernde Nacht der sozialistischen Mangelwirtschaft zu vergleichen, wie sie Jakob Grasselli schildert. Man muss wissen, wie es so weit kommen konnte. Man muss die Desillusionierung der Menschen und die Implosion ihrer Ideale kennen, die zwischen diesen beiden Geschichten liegt – dann erst versteht man diese schrecklich schöne Insel.

Am Anfang steht, wie so oft im kolonialen Amerika, Christoph Kolumbus, der auf seiner ersten Reise

Kuba sah und sofort hingerissen war. Auch der kühle Beobachter Alexander von Humboldt, eigentlich jeder Schwärmerei unverdächtig, verschloss sich Kubas Zauber nicht und beschrieb die Insel mit ebenso viel Ehrfurcht wie Zärtlichkeit. Wesentlich widersprüchlicher ist das Verhältnis zweier Säulenheiliger der kubanischen Literatur zu ihrer Heimat: Alejo Carpentier und Guillermo Cabrera Infante, die niemals die Schauerlichkeit in der Schönheit Havannas übersehen konnten und diese Ambivalenz virtuos porträtierten. Einen wunderbar melancholischen, aber völlig unsentimentalen Blick auf die Hauptstadt wirft Leonardo Padura in seinem Kriminalroman, während Jesús Díaz in seiner Erzählung über das tägliche Brot der Not die gute Laune oft genug im Hals stecken bleibt und Zoé Valdés als Exilantin in Paris mit gebrochenem Herzen an ihre Heimat denkt. Seine Sicht der Dinge legt anschließend Fidel Castro in einer epischen Rede aus Anlass des vierzigsten Geburtstages der kubanischen Revolution dar – und beweist dabei eine erstaunliche Prophetie, wenn er das Platzen der Spekulationsblase an den internationalen Finanzmärkten voraussagt.

Die journalistischen Reportagen betrachten die Insel mit den Augen des ausländischen Besuchers. Dieser verbringt eine Nacht mit einem Troubadour und seiner unerreichbaren Liebe in Havanna, isst in einem privaten Restaurant die Seele Kubas und lässt sich vom Sog der heißblütigen Stadt Santiago de Cuba fortreißen. Und sie prangern die Heuchelei der greisen kubanischen Revolutionäre an, die ihr Volk in die Prostitution zwingen, nur um sich weiter an ihre Lebenslügen klammern zu können. Schließlich lässt die Ethnologin Aida García Alonso eine alte Köchin von ihrem Leben in Havanna erzählen und dabei fünfzig Jahre kubanische Geschichte Revue passieren. Und fast alle Texte erzählen davon, was Kuba in seinem Innersten ist: ein Land der Sehnsucht, der Liebe und ihrer Vergänglichkeit.

Christoph Kolumbus
Die Entdeckung von Kuba

Sonntag, den 28. Oktober

Von hier aus drang ich nach Süd-Südwesten vor, um die Insel Kuba an der nächstgelegenen Stelle zu erreichen. Ich fuhr einen herrlichen Fluss hinauf, der keinerlei Gefahren an Untiefen oder sonstiger Art in sich barg; die ganze Uferstrecke, an der ich entlang fuhr, hatte ein klares, tiefgehendes Wasser. Die Mündung des Flusses war zwölf Armlängen breit, gerade genug, um beim Einfahren gegen den Wind aufkreuzen zu können. Ich ging innerhalb der Mündung vor Anker, einen Bombardenschuss vom Ufer entfernt.

Ich habe keinen schöneren Ort je gesehen. Die beiderseitigen Flussufer waren von blühenden, grün umrankten Bäumen eingesäumt, die ganz anders aussahen als die heimatlichen Bäume. Sie waren von Blumen und Früchten der verschiedensten Art behangen, zwischen denen zahllose, gar kleine Vöglein ihr süßes Gezwitscher vernehmen ließen. Es gab da eine Unmenge Palmen, die einer andern Gattung angehörten als jene von Guinea und Spanien; sie waren mittelgroß, hatten an den untern Enden keine Zellfasern und sehr breite Blätter, mit denen die Eingeborenen die Dächer ihrer Behausungen bedeckten. Der Boden war flach und ebenmäßig.

Ich bestieg die Schaluppe und betrat das Land. Hierauf ging ich auf zwei Hütten zu, von denen ich annahm, dass sie Fischern gehörten. Allein bei meinem Erscheinen ergriffen die Eingeborenen, von Furcht erfasst, die Flucht.

In einer dieser Hütten fand ich einen Hund, der nicht bellte. In beiden hingen aus Palmfasern hergestellte Netze, Stricke, eine Angel aus Horn, knöcherne Haken und anderes Fischergerät; im Innern gab es mehrere Herde. Meines Erachtens konnten diese Hütten vielen Menschen Obdach gewähren. Ich ordnete an, alles schön liegen und stehen zu lassen, was auch befolgt wurde. Das Gras war so hoch wie in Andalusien in den Monaten April und Mai; darunter fand ich auch viel Portulak (Burzelkraut) und Runkelrüben.

Dann bestieg ich wieder die Schaluppe und fuhr eine gute Strecke den Fluss hinauf. Ich gestehe, beim Anblick dieser blühenden Gärten und grünen Wälder und am Gesang der Vögel eine so innige Freude empfunden zu haben, dass ich es nicht fertigbrachte, mich loszureißen und meinen Weg fortzusetzen. Diese Insel ist wohl die schönste, die Menschenaugen je gesehen, reich an ausgezeichneten Ankerplätzen und tiefen Flüssen. Meiner Ansicht nach dürfte der Ozean das Land niemals über den Strand hinaus überflutet haben, da die Vegetation fast bis an das Meeresufer heranreicht – eine Tatsache, die in Gegenden, wo das Meer sehr stürmisch sein kann, nicht feststellbar ist: allein schon deshalb nicht, da ich seit meinem Aufenthalt inmitten all dieser Inseln nicht ein einziges Mal einen Wirbelsturm oder Sturm erlebt habe.

Die Insel hat schöne und hohe Berge, die sich allerdings nicht weithin erstrecken; der restliche Teil der Insel weist Erhebungen auf, die an Sizilien gemahnen. Soviel ich aus den durch Zeichen vermittelten Angaben der Indianer, die ich von der Insel Guanahaní mit mir genommen hatte, verstanden zu haben meinte, ist diese Insel sehr wasserreich und wird von zehn großen Flüssen durchzogen; man benötige mehr als zwanzig Tage, um die Insel mit ihren Kanus zu umfahren.

Gerade als ich mich mit meinen Schiffen dem Lande näherte, tauchten zwei Kanus auf. Kaum bemerkten die Eingeborenen, die sich darin befanden, dass die Matrosen ihre Boote bestiegen und losruderten, um die Flusstiefe zu messen und den besten Ankerplatz ausfindig zu machen, machten sie sich auf und davon.

Die Indianer wussten zu erzählen, dass auf dieser Insel Goldminen und Perlen zu finden seien. Tatsächlich entdeckte ich eine Stelle, die zur Bildung von Perlen geeignet schien, und ebenso Muscheln, die ein deutliches Anzeichen dafür sind. Ich glaube mich in der Annahme nicht zu täuschen, dass die gewaltigen Schiffe des Großen Khan hier anlegen und dass man von hier aus bis zum Festland nur eine Seefahrt von zehn Tagen zurückzulegen hat.

Ich taufte diesen Fluss mit dem Namen San Salvador.

Dienstag, den 6. November

(...) Diese Leute kennen keine Arglist und sind wenig kriegerisch. Männer und Frauen gehen nackt umher, wie sie Gott erschaffen hat. Allerdings tragen die Frauen ein Baumwolltuch um ihre Lenden; aber das ist auch alles. Sie sind sehr ehrfürchtig. Ihre Hautfarbe ist nicht sehr dunkel und heller als jene der Frauen auf den Kanarischen Inseln. Ich bin überzeugt, erlauchteste Fürsten, dass all diese Leute gute Christen würden, sobald fromme und gläubige Männer ihre Sprache beherrschen werden. Deshalb hoffe ich zu Gott, dass Eure Hoheiten sich baldigst dazu verstehen werden, derartige Männer hierher zu senden, um so große Völker zu bekehren und dem Schoß der Kirche einverleiben zu können, nicht anders wie jene Völker vernichtet worden sind, die sich nicht zur Dreieinigkeit von Vater, Sohn und Heiligem Geist bekennen wollten. Und wenn die Zeit des Erdendaseins Eurer Hoheiten vorüber sein wird – denn wir alle sind sterblich –, dann wird in den Königreichen die größte Ruhe herrschen, da sie von jeder Häresie und jedem bösen Geist erlöst sein werden, während die Seelen Eurer Hoheiten vor ihren Schöpfer treten werden, von dem ich sehnlichst erflehe, dass er Euren Hoheiten ein langes Leben und eine stete Erweiterung Eurer Königreiche und Herrschaften beschere und den festen Willen verleihe, den heiligen christlichen Glauben zu verbreiten, wie Eure Hoheiten es bisher gehalten haben. Amen!

Heute habe ich mein Schiff wieder ins Wasser setzen lassen und rüste mich zur Weiterfahrt, um am kommenden Donnerstag im Namen des Allmächtigen gegen Südwesten, auf der Suche nach Gold, Gewürzen und neuen Ländern, abzusegeln.

Alexander von Humboldt
Über Kuba

Der Anblick Havannas am Eingang des Hafens ist einer der reizendsten und malerischsten, dessen man sich an der Küste des äquinoktialen Amerika nördlich des Äquators erfreuen kann. Dieser von den Reisenden aller Völker gefeierte Platz besitzt nicht die Üppigkeit des Pflanzenwuchses, welcher die Ufer des Flusses von Guayaquil [Río Guyas] schmückt, noch die wilde Majestät der felsigen Gestade von Rio de Janeiro, zweier Häfen der südlichen Halbkugel. Aber die Anmut, welche unter unseren Himmelsstrichen die Bilder der bebauten Natur verschönert, mischt sich hier mit der Majestät der Pflanzenformen und der organischen Kraft, welche die heiße Zone kennzeichnet. In der Menge so zarter Eindrücke vergisst der Europäer die Gefahr, welche ihn im Herzen der volkreichen Städte der Antillen bedroht. Er strebt, die verschiedenen Elemente einer weiten Landschaft zu erfassen, die festen Schlösser, welche die Felsen im Osten des Hafens krönen, dieses innere Becken, umgeben von Dörfern und Meierhöfen, diese zu gewaltiger Höhe aufragenden Palmen, diese unter einem Mastenwald und dem Segelwerk der Schiffe halb versteckte Stadt zu betrachten. (…)

Es gibt zwei Spaziergänge, der eine (La Alameda) zwischen dem Paulspital und dem Theater, dessen Inneres im Jahr 1803 mit sehr viel Geschmack von einem italienischen Künstler, Herrn Peruani, ausgeschmückt worden ist; der andere zwischen dem Schloss de la Punta und der Puerta de la Muralla. Der letztere, auch Paseo extra muros genannt, erfreute sich in einer erfrischenden Kühle und ist nach Sonnenuntergang von Fuhrwerken sehr besucht. Er wurde durch den Marqués de la Torre begonnen, unter allen Gouverneuren der Inseln derjenige, welcher den ersten und glücklichsten Anstoß zur Verbesserung der Polizei und der Gemeindeverwaltung gegeben hat. Don Luis de las Casas, dessen Name den Einwohnern Havannas gleichfalls teuer geblieben ist, und Graf de Santa Clara haben diese Pflanzungen vergrößert. In der Nähe des Exerzierplatzes befindet sich der Botanische Garten, der wohl würdig ist, die Aufmerksamkeit der Regierung zu fesseln, und ein anderer Gegenstand, dessen Anblick zugleich betrübt und empört: die Hütten, vor welchen die unglücklichen Sklaven zum Verkauf ausgestellt sind. In diesem Spaziergarten *extra muros* hat man seit meiner Rückkehr nach Europa ein Marmorbildnis König Karl III. aufgestellt. Dieser Platz war zuerst für ein Denkmal des Christoph Columbus bestimmt, dessen Asche man nach der Abtretung des spanischen Anteils von Santo Domingo nach der Insel Cuba gebracht hat. Da die Asche des Hernán Cortés im nämlichen Jahr in Mexico aus einer Kirche in die andere überführt wurde, so sah man zu gleicher Zeit zu Ende des 18. Jahrhunderts die zwei größten Männer, welche die Eroberung Amerikas verherrlichten, von Neuem bestatten.

Eines der majestätischen Gewächse aus der Familie der Palmen, die *Palma real*, verleiht der Landschaft der Umgebung Havannas einen eigentümlichen Charakter. Es ist die *Oreodoxa regia* unserer Beschreibung der amerikanischen Palmen. Ihr schlanker Schaft, der gegen die Mitte etwas anschwillt, erhebt sich zu 20 bis 24 Meter Höhe; der obere Teil, glänzend von zartem Grün und durch die sich annähernden und erweiternden Blattstiele neu geformt, bildet einen Kontrast mit dem weißlichen, geritzten Übrigen. Es sind gleichsam zwei Säulen, welche übereinandersteigen. Die *Palma real* der Insel Cuba besitzt gestreifte Blätter, welche gerade nach aufwärts ragen und nur erst gegen die Spitze hin gekrümmt sind. Die Haltung dieses Gewächses erinnerte uns an die Vadgiaipalme, welche in den Wasserfällen des Orinoco die Felsen bedeckt und sich in langen Spitzen über einem Schaumnebel wiegt. Hier wie überall, wo die Bevölkerung sich verdichtet, nimmt der Pflanzenwuchs ab. In der Umgebung Havannas, in dem Amphitheater von Regla, verschwinden diese Palmen, welche mein Entzücken bildeten, von Jahr zu Jahr. Die sumpfigen Stellen, welche ich mit Bambusaceen bedeckt sah, werden ausgetrocknet und urbar gemacht. Die Gesittung schreitet vor, und man versichert, dass heute der vom Pflanzenwuchs mehr entblößte Boden kaum noch einige Spuren seiner wilden Üppigkeit zeigt. Von La Punta bis San Lázaro, von La Cabaña bis Regla und von Regla nach Atarés ist alles mit Häusern bedeckt. Jene, welche die Bai umgeben, sind von leichter und eleganter Bauart. Man entwirft deren Plan und bestellt sie in den Vereinigten Staaten, wie man irgendein Möbel bestellt. Während das Gelbe Fieber in Havanna herrscht, zieht man sich in diese Landhäuser und auf die Hügel zwischen Regla und Guanabacoa zurück, wo man eine reinere Luft genießt. In der Kühle der Nächte, wenn die Boote die Bai durchqueren und hinter dem phosphoreszierenden Wasser lange Lichtstreifen lassen, bilden diese ländlichen Wohnsitze den Bewohnern, welche das Getöse einer volkreichen Stadt fliehen, liebliche, friedliche Zufluchtsorte. Um die Zustände des Bodenbaues gut beurteilen zu können, sollten die Reisenden die kleinen Chacaras [Länder] von Mais und anderen Nährpflanzen, die Ananasstreifen in den Feldern von La Cruz de Piedra und dem Garten des Bischofs (Quinta del Obispo) besichtigen, welcher in der letzten Zeit ein wahrhaft entzückender Ort geworden ist. (…)

Aus einer Übersicht geht hervor, dass auf der Insel Cuba die freien Menschen 64/100 der ganzen Bevölkerung ausmachen; auf den britischen Antillen kaum 19/100. Im ganzen Archipel der Antillen bilden die farbigen Menschen (Neger und Mulatten, Freie und Sklaven) eine Masse von 2 360 000 oder 83/100 der ganzen Bevölkerung. Wofern nicht in Bälde die Gesetzgebung der Antillen und der Rechtsstand der farbigen Menschen günstige Veränderungen erhalten, wenn man fortfährt zu ratschlagen, statt zu handeln, so wird das politische Übergewicht denjenigen zufallen, welche die Kraft zur Arbeit besitzen, den Willen, sich frei zu machen, und den Mut, andauernde Entbehrungen zu erdulden. Diese blutige Katastrophe wird eintreten als ein notwendiges Ergebnis der Umstände und ohne dass die freien Neger auf Haiti daran irgendwie teilnehmen oder dem bisher befolgten Vereinzelungssystem entsagen. Wer möchte den Einfluss voraussagen, welchen eine „Afrikanische Konföderation der Freien Staaten der Antillen", zwischen Colombia, Nordamerika und Guatemala liegend, auf die Politik der Neuen Welt ausüben würde? Die Furcht vor diesem Ereignis wirkt unstreitig mächtiger auf die Gemüter als Grundsätze der Humanität und der Gerechtigkeit; aber auf jeder Insel halten die Weißen ihre Macht für unerschütterlich. Jedes gleichzeitige Handeln von Seiten der Neger scheint ihnen unmöglich, und jede Änderung, jede der dienstbaren Bevölkerung gemachte Konzession achten sie für Feigheit. Nichts hat Eile: Die furchtbare Katastrophe von Santo Domingo ist nur eine Folge unverständiger Herrscher gewesen. Solche Täuschungen haften bei der großen Masse der Kolonisten auf den Antillen und stehen nicht minder auch jeder Verbesserung des Zustandes der Schwarzen in Georgia und in den beiden Carolinas [USA] entgegen. Die Insel Cuba mag eher als eine andere unter den Antillen dem großen Schiffbruch entgehen. Es zählt diese Insel 455 000 freie Menschen und 260 000 Sklaven; durch Maßnahmen, welche menschenfreundlich und klug zugleich sind, mag sie die allmähliche Aufhebung der Sklaverei vorbereiten. Man darf nicht vergessen, dass seit der Befreiung von Haiti bereits schon im Gesamt-Archipel der Antillen mehr freie Neger und Mulatten als hingegen Sklaven vorhanden sind. (…)

In keinem Teil der Welt, wo Sklaverei angetroffen wird, sind die Freilassungen so häufig wie auf der Insel Cuba. Die spanische Gesetzgebung hindert oder erschwert dieselben nicht, wie das die britische und französische tun, sondern sie begünstigt die Freiheit. Das Recht, welches jeder Sklave hat, *de buscar amo* (seinen Herrn zu wechseln) oder sich frei zu machen, wenn er den Ankaufpreis zurückzahlen kann, das religiöse Gefühl, welches vielen begüterten Herren den Gedanken einflößt, durch ihren letzten Willen eine Anzahl Sklaven zu befreien, die Gewohnheit, viele Neger für häusliche Dienste zu unterhalten, die aus ihrer Annäherung mit den Weißen hervorgehenden Zuneigungen, die Leichtigkeit des Arbeitsverdienstes für Sklavenarbeiter, welche ihrem Herrn eine bestimmte tägliche Summe bezahlen, um alsdann für eigene Rechnung arbeiten zu können – dies sind die Hauptursachen, die den Übergang so vieler Sklaven in den Städten zum Stand der farbigen Freien begünstigen. Ich könnte die Glücksfälle der Lotterie und der Hasardspiele hinzufügen, wenn blindes Vertrauen in diese gewagten Mittel nicht so oft die traurigsten Ergebnisse zur Folge hätte. Die Lage der farbigen Freien ist glücklicher in Havanna als unter solchen Nationen, die sich seit Jahrhunderten einer weit vorgerückten Zivilisation rühmen. Es sind dort jene barbarischen Gesetze unbekannt, die noch heutzutage angerufen werden und denen zufolge die Freigelassenen unfähig sind, von Weißen Schenkungen anzunehmen, hingegen aber ihrer Freiheit beraubt, *zum Vorteil des Fiskus verkauft* werden können, wenn sie überführt sind, Marronennegern Zuflucht gewährt zu haben!

Da die ursprüngliche Bevölkerung der Antillen gänzlich verschwunden ist (nachdem die *Zambos*cariben, eine Mischung von Eingeborenen und Negern, die im Jahr 1796 von der Insel Sankt Vincent auf die von Ratan transportiert worden ist), so muss die gegenwärtige Bevölkerung der Antillen (2 850 000) als aus europäischem und afrikanischem Blut zusammengesetzt betrachtet werden. Die Neger von reiner Rasse machen davon ungefähr zwei Drittel aus, die Weißen ein Sechstel und die gemischten Rassen ein Siebtel. In den spanischen Kolonien des Festlands trifft man die Abkömmlinge der Indianer wieder an, welche unter den *Mestizos* und *Zambos*, als Vermischungen der Indianer mit Weißen und Negern, verschwinden; im Archipel der Antillen bietet sich diese tröstende Wahrnehmung nicht dar. Das Verhältnis der Gesellschaft war daselbst zu Anfang des 16. Jahrhunderts so beschaffen, dass, seltene Ausnahmen abgerechnet, die neuen Kolonisten sich mit den Landeseingeborenen ebenso wenig vermischten, als dies gegenwärtig die Briten in Kanada tun. Die Indianer der Insel Cuba sind verschwunden wie die Guanchen der Kanarischen Inseln, obgleich in Guanabacoa und in Teneriffa vor 40 Jahren noch lügnerische Ansprüche in mehreren Familien geltend gemacht wurden, um von der Regierung kleine Jahrgehalte unter dem Vorwand zu erwirken, dass noch einige Tropfen von indianischem oder Guanchen-Blut in ihren Adern kreisten. Für die Ermittlung der Bevölkerung von Cuba oder Haiti zur Zeit von Christoph Columbus ist gar keine Möglichkeit mehr vorhanden. Wer möchte mit übrigens sehr einsichtigen Geschichtsschreibern annehmen, die Insel Cuba habe zur Zeit ihrer Eroberung im Jahre 1511 eine Million Einwohner besessen, und von dieser Million seien im Jahre 1517 nur noch 14 000 übrig geblieben! Alles, was man an statistischen Angaben in den Schriften des Bischofs von Chiapa findet, ist voller Widersprüche; und wenn es wahr ist, dass der ehrliche Dominikanerordensmann

Fray Luis Bertran, welcher durch die *encomenderos* verfolgt wurde, wie heutzutage die Methodisten durch einige britische Pflanzer verfolgt werden, bei seiner Rückkehr prophezeit hatte, „die 200 000 auf der Insel Cuba befindlichen Indianer würden als Schlachtopfer europäischer Grausamkeit fallen", so müsste sich daraus mindestens folgern lassen, es sei die Rasse der Landeseingeborenen zwischen den Jahren 1555 und 1569 lange nicht vertilgt gewesen; dennoch aber wären (so groß ist die Verwirrung bei den Geschichtsschreibern jener Zeit) dem Zeugnis von Gomara zufolge bereits schon 1553 keine Indianer mehr auf Cuba angetroffen worden. Um sich einen Begriff von der schwankenden Natur der Berechnungen zu machen, die von den ersten spanischen Reisenden und aus einer Zeit herrühren, wo man noch die Bevölkerung keiner einzigen Provinz der Halbinsel kannte, braucht man sich nur zu erinnern, dass die Zahl der Einwohner, welche der Kapitän Cook und andere Seefahrer der Insel Tahiti und den Sandwichinseln [Hawaii] zu einer Zeit gaben, wo die Statistik doch bereits schon sehr genaue Vergleiche darbot, von 1 zu 5 unter sich abweichen. Man begreift zwar, dass die Insel Cuba, deren Küsten ungemein fischreich sind und deren Boden ausnehmend fruchtbar ist, mehrere Millionen jener nüchternen Indianer zu nähren vermögend gewesen wäre, die ohne Verlangen nach Fleischspeise Mais, Maniok und viele andere nährende Wurzeln mehr anbauten; wenn jedoch eine solche Akkumulation der Bevölkerung wirklich stattgefunden hätte, sollte sie sich dann nicht durch eine weiter vorgeschrittene Zivilisation offenbart haben, welche die Berichte von Columbus nicht melden? Sollten die Völkerschaften von Cuba hinter der Kultur der Bewohner der Lucayeninseln zurückgeblieben sein? Welchen Einfluss man auch immer den verschiedenen zerstörenden Ursachen, der Tyrannei der *conquistadores*, dem Unverstand der Regenten, den erschöpfenden Arbeiten beim Goldwaschen, den Menschenpocken und den häufigen Selbstmorden zurechnen und einräumen mag, so begreift man doch nicht leicht, wie in 30 oder 40 Jahren, ich will nicht sagen eine Million, aber auch nur 300 000 oder 400 000 Indianer gänzlich hätten vertilgt werden können. Der Krieg gegen den Kaziken Hatuey war von sehr kurzer Dauer, und er beschränkte sich auf den östlichen Teil der Insel. Nur wenige Klagen sind über die Verwaltung der zwei ersten spanischen Gouverneure, Diego Velásquez und Pedro de Barba, gehört worden. Mit der Ankunft des grausamen Hernando de Soto ums Jahr 1539 begann erst die Unterdrückung der Eingeborenen. Will man mit Gomara annehmen, dass schon 15 Jahre später unter der Regierung von Diego de Majariegos (1554–1564) keine Indianer mehr vorhanden waren, so muss man notwendig auch annehmen, es hätten sehr bedeutsame Überreste dieser Völkerschaft sich auf Pirogen nach Florida gerettet, in dem auf alte Überlieferungen gegründeten Glauben, sie kehrten in das Land ihrer Vorfahren zurück. Die Sterblichkeitsverhältnisse der Negersklaven, wie wir dieselben gegenwärtig auf den Antillen wahrnehmen, vermögen nur einigen Aufschluss über diese zahlreichen Widersprüche zu geben. Christoph Columbus und Velásquez mussten die Insel Cuba für sehr bevölkert ansehen, wenn dieselbe zum Beispiel es in dem Maße war, wie die Engländer sie im Jahr 1762 fanden. Die ersten Reisenden lassen sich leicht durch Volkshaufen täuschen, welche die Erscheinung europäischer Schiffe an einzelnen Punkten der Küste versammelt. Nun hatte aber die Insel Cuba mit denselben *ciudades* und *villas* wie heutzutage 1762 nicht über 200 000 Einwohner, und bei einem Volk, das wie Sklaven behandelt wird, das dem Unverstand und der Brutalität seiner Gebieter, übermäßiger Arbeit, schlechter Nahrung und den Verheerungen der Pockenseuche ausgeliefert ist, reichen 42 Jahre nicht hin, um das Andenken seiner Leiden zu tilgen. Auf mehreren der Kleinen Antillen vermindert sich unter britischer Herrschaft die Bevölkerung jährlich um 5 bis 6%; auf Cuba um mehr denn 8%; die Vertilgung von 200 000 aber in 42 Jahren würde einen jährlichen Abgang von 26% erheischen: eine kaum denkbare Abnahme, wenn auch glaubwürdig ist, es sei die Mortalität der Eingeborenen von Cuba ungleich viel größer gewesen als diejenige der um hohen Preis erkauften Neger. (...)

Auch die fast ganz auf die weißen Einwohner beschränkte intellektuelle Kultur findet sich sehr ungleich auf die Bevölkerung verteilt. Durch Wohlstand und feine Sitte gleicht die vornehme Gesellschaft in Havanna der Gesellschaft in Cádiz und den übrigen reichsten Handelsstädten Europas, außer der Hauptstadt hingegen und den von reichen Eigentümern bewohnten Pflanzungen der Umgegend stellt sich in vollendetem Gegensatz zu dieser teilweisen und örtlichen Zivilisation die in vereinzelten Meiereien und in den kleinen Städten herrschende Sitteneinfalt dar! Die *habaneros* [= die Einwohner Habanas oder Havannas] sind unter den reichen Bewohnern der spanischen Kolonien die ersten gewesen, welche Spanien, Frankreich und Italien besucht haben. In Havanna fand man sich allzeit am besten unterrichtet über die europäische Politik und über die geheimen Umtriebe an den Höfen zur Unterstützung oder zum Sturz der Minister. Diese Kenntnis der Ereignisse, diese Voraussicht der zu erwartenden Zukunft sind für die Bewohner der Insel Cuba das kräftige Mittel gewesen, einen Teil der Hindernisse für die Entwicklung des Wohlstandes der Kolonie von sich abzuwenden. In der Zwischenzeit vom Friedensschluss von Versailles [1783; Anerkennung der Unabhängigkeit der USA durch England] bis zum Anfang der Revolution von Santo Domingo [Haiti] schien Havanna dem Mutterland Spanien wohl zehnfach näher zu stehen als Mexico, Caracas und Neu-Granada [Kolumbien]. Fünfzehn Jahre später, während meines Aufenthalts in den Kolonien, hatte diese scheinbar sehr ungleiche Entfernung sich bereits schon merklich vermindert; heutzutage, da die Unabhängigkeit der Kolonien des Festlandes, die Einbringung fremden Gewerbefleißes und die Finanzbedürfnisse der neuen Staaten die Bande zwischen Europa und Amerika vervielfacht haben, da durch vervollkommnete Schifffahrt die Entfernung abgekürzt ist, da die Colombier [Bewohner der Republik Colombia], die Mexicaner und die Bewohner von Guatemala in Besuchsreisen nach Europa untereinander wetteifern, erscheinen nun die meisten der spanischen Kolonien, wenigstens die vom Atlantischen Ozean bespülten, in ungefähr gleicher Entfernung von unserem Festland. Eine kleine Zahl von Jahren hat diese Veränderungen herbeigeführt, die sich mit einer stets zunehmenden Schnelligkeit entwickeln. Es sind dieselben das Ergebnis der Aufklärung und einer lange gewaltsam unterdrückten Strebsamkeit; durch sie erscheinen jene Kontraste der Sitten und der Zivilisation minder auffallend, die ich zu Anfang dieses Jahrhunderts in Caracas, in Bogotá, in Quito, in Lima, in Mexico-Stadt und in Havanna wahrgenommen hatte. Der Einfluss von baskischer, katalanischer, galicischer und andalusischer Herkunft wird von Tag zu Tag unmerklicher, und vielleicht wäre es jetzt schon, zum Zeitpunkt, wo ich diese Zeilen schreibe, sinnvoller, die abweichenden Schattierungen des Nationalkultus in den sechs vorgenannten Hauptstädten ihren Charakterzügen zufolge nachzuweisen, wie ich das auch bereits anderswo zu tun versucht habe.

Die Insel Cuba besitzt jene großen und kostbaren Anstalten nicht, deren Stiftung in Mexico auf sehr frühe Zeiten zurückgeht, hingegen finden sich in Havanna Institutionen, welche der Patriotismus der Einwohner, durch heilsamen Wetteifer der verschiedenen Mittelpunkte amerikanischer Zivilisation, ausdehnen und vervollkommnen wird, sofern die politischen Verhältnisse und das Vertrauen in den Fortbestand innerer Ruhe solches gestatten. Die (im Jahr 1793 gegründete) patriotische Gesellschaft in Havanna, die von ihr abhängenden Vereine von Sancti Spíritus, von Puerto Príncipe und von Trinidad, die im Kloster der Padres Predicadores seit 1728 errichtete Universität mit ihren Lehrstühlen der Theologie, der Jurisprudenz, der Medizin und der Mathematik, der im Jahr 1818 errichtete Lehrstuhl der Staatswirtschaft, jener der landwirtschaftlichen Botanik, das Museum und die durch die einsichtsvollen Bemühungen von Don Alejandro Ramirez zustande gekommene Schule der beschreibenden Anatomie, die öffentliche Bibliothek, die unentgeltliche Schule für Zeichnen und Malerei, die nautische Schule, die Lancasterschen Schulen und der Botanische Garten sind zum Teil noch jugendliche, zum Teil schon ältere Institutionen. Die einen sehen fortschreitenden Besserungen, die anderen gänzlichen Reformen entgegen, durch die sie mit dem Geist des Jahrhunderts und den Bedürfnissen der Gesellschaft in Harmonie treten mögen.

Guillermo Cabrera Infante

Sie sang Boleros

Ich lernte La Estrella kennen, als sie noch Estrella Rodríguez hieß und noch nicht berühmt war, als niemand dachte, daß sie so bald sterben würde, und keiner aus ihrem Bekanntenkreis um sie geweint hätte, wenn sie gestorben wäre. Ich bin Photograph, und meine Arbeit bestand damals darin, die Sänger und die Leute von den Varietétruppen und all die anderen Nachtschwärmer auf die Platte zu bannen, und so war ich ständig auf Tour in den Cabarets und Nachtclubs und ähnlichen Etablissements, um Photos zu schießen. Ich verbrachte die ganze Nacht damit, die ganze Nacht und die frühen Morgenstunden und oft auch den ganzen Morgen. Manchmal hatte ich nichts zu tun, hatte meinen Bereitschaftsdienst bei der Zeitung hinter mir und ging dann um drei oder vier Uhr morgens ins Sierra oder ins Las Vegas oder ins Nacional, um mich dort mit einem befreundeten Conferencier zu unterhalten oder mir die Revuegirls anzuschauen oder den Sängerinnen zuzuhören und mich mit dem Rauch und dem muffigen Geruch der klimatisierten Luft und mit Alkohol zu vergiften. So war ich damals, und nichts und niemand hätte mich ändern können, denn die Zeit verging und ich wurde älter und die Tage vergingen und waren bloßes Datum und die Jahre waren Abreißkalender, und ich machte immer so weiter, begnügte mich mit den Nächten und goß sie in ein Glas mit Eis oder in ein Negativ oder in die Erinnerung.

In einer dieser Nächte kam ich ins Las Vegas und traf all diese Leute an, die nichts und niemand hätte ändern können, und eine aus dem Dunkel auftauchende Stimme sagte zu mir, Photograph, komm setz dich her und trink was, ich geb dir einen aus, und es war kein geringerer als Vítor Perla. Vítor hat eine Zeitschrift, in der vor allem halbnackte Mädchen zu sehen sind und dazu die entsprechenden Erläuterungen: Ein Modell mit einer Zukunft, die ins Auge springt, oder die gewichtigen Argumente der Sonja Sowieso oder die kubanische BB sagt, Brigitte sähe *ihr* ähnlich, und anderes Zeug, von dem kein Mensch weiß, wo sie es hernehmen, denn sie müßten schon eine ganze Wagenladung Scheiße im Hirn haben, um so viel Mist über ein Mädchen erzählen zu können, das gestern noch Kindermädchen oder Hausangestellte war oder in der Calle Muralla gearbeitet hat und sich heute mit allem, was sie im Geschirr hat, ins Geschirr legt, um irgendwie aufzufallen. Seht ihr, ich rede auch schon so daher wie sie. Aber aus irgendeinem mysteriösen Grund (und wäre ich ein Klatschspaltenkolumnist, würde ich my$teriö$ schreiben) war Vítor in Ungnade gefallen, und deshalb wunderte es mich auch, daß er noch so guter Laune war. Stimmt nicht: Zunächst einmal wunderte es mich, daß er überhaupt noch frei herumlief, und ich sagte mir, Dieser Scheißkerl schwimmt immer noch obenauf, und sagte ihm das dann auch. Das heißt, genau genommen sagte ich zu ihm, *Gallego*, du bist wie spanischer Kork, aber er machte sich nichts draus und antwortete mir halbtot vor Lachen, Ja, aber irgendwo muß mir einer 'n Stück Blei reingesteckt haben, sonst hätt ich nicht so 'ne Schlagseite. Und wir fingen an zu reden, und er erzählte mir eine Menge Zeug, er erzählte mir fast seinen ganzen Schlamassel, aber ich will das hier nicht wiederholen, weil er mir alles ganz im Vertrauen erzählt hat, und ich bin schließlich ein ehrenwerter Mann und will hier nicht herumklatschen. Außerdem sind Vítors Probleme ja seine Probleme, und wenn er sie lösen kann, um so besser für ihn, und wenn nicht, ab durch die Mitte, Vítor Perla. Jedenfalls hatte ich es bald satt, mir seine Unglücksgeschichten anzuhören, und da er so ein verdrossenes Gesicht machte und ich keine Lust hatte, einen so verkniffenen Mund zu sehen, wechselte ich das Thema, und wir fingen an, von anderen Dingen zu reden, Frauen zum Beispiel, und plötzlich sagte er, Darf ich dir Irena vorstellen, und hatte ein winziges, wunderhübsches Blondinchen hervorgezaubert, das aussah, wie Marilyn Monroe ausgesehen hätte, wenn sie den Jívaro-Indianern in die Hände gefallen wäre und die sich die Zeit damit vertrieben hätten, sie ganz klein zu machen, nicht nur den Kopf, sondern auch den Körper und alles andere, und wenn ich alles andere sage, dann meine ich *alles* andere. Er zog also Irena am Arm herbei, als fischte er sie aus dem Meer der Dunkelheit, und sagte zu mir oder vielmehr zu ihr, Irena, darf ich dich mit dem besten Photographen der Welt bekanntmachen, womit er natürlich sagen wollte, daß ich bei der Zeitung *El Mundo* arbeitete, und das Blondinchen lachte aufgekratzt und schob dabei die Oberlippe zurück und zeigte die Zähne, als höbe sie den Rock hoch, um ihre Schenkel zu zeigen, und sie hatte die schönsten Zähne, die ich je im Dunkeln gesehen habe: gleichmäßige, perfekte Zähne, wohlgeformt und sinnlich wie Schenkel, und wir fingen an zu reden, und sie zeigte ständig ohne jede Scham ihre Zähne, und sie gefielen mir so sehr, daß ich sie fast gefragt hätte, ob ich ihre Zähne berühren darf, und wir setzten uns zum Reden an einen Tisch, und Vítor rief den Kellner, und wir fingen an zu trinken, und nach einer Weile war ich dem Blondinchen ganz zart, so ganz unbeabsichtigt auf den Fuß getreten und merkte fast gar nicht, daß ich draufstand, weil er so klein war, aber sie lächelte, als ich mich entschuldigte, und nach einer weiteren Weile hatte ich ihre Hand ergriffen, und zwar sichtlich absichtlich, aber die Hand ging mir in meiner Hand verloren, und ich suchte sie stundenlang zwischen den gelben

Fixiersalzflecken, die ich ganz charlesboyeresk als Nikotinflecken ausgab, und als ich ihre Hand dann endlich gefunden hatte und sie streichelte, ohne mich zu entschuldigen, da nannte ich sie bereits Irenita, denn das war der Name, der am besten zu ihr paßte, und dann küßten wir uns undsoweiter, und als ich mich zwischendurch mal umsah, war Vítor bereits aufgestanden, diskret wie immer, und so saßen wir eine ganze Weile da, eng aneinandergeschmiegt, untergetaucht in der Dunkelheit, küßten und betasteten uns, vergaßen alles um uns herum, daß die Show zu Ende war, daß die Band zum Tanz spielte, daß die Leute tanzten und tanzten und sich müde tanzten und daß die Musiker ihre Instrumente einpackten und gingen und daß wir allein zurückblieben, in tiefer Dunkelheit nun, nicht mehr im trüben Dämmerlicht, von dem Cuba Venegas singt, sondern im tiefsten Dämmerlicht, in der Dunkelheit fünfzig, hundert, hundertfünfzig Meter unter der Lichtoberfläche, schwammen in der Dunkelheit, völlig durchnäßt, küßten uns, vergessen, Küsse und Küsse und Küsse, selbstvergessen, ohne Körper, mit Mündern und mit Zähnen nur und nur mit einer Zunge, verloren im Geifer der Küsse, still und stumm jetzt, feucht, nach Speichel riechend, ohne es zu merken, mit geschwollenen Lippen, küßten uns, küßten uns, Mann, überhaupt nicht mehr von dieser Welt, völlig abgehoben. Plötzlich waren wir im Begriff zu gehen. Und da sah ich sie zum erstenmal.

Sie war eine riesige, ungeheuer dicke Mulattin, mit Armen wie Schenkel und Schenkeln, die wie zwei Baumstämme den Wassertank ihres Körpers stützten. Ich sagte zu Irenita, ich fragte Irenita, ich sagte zu ihr, Wer ist denn die Dicke, denn die Frau schien das Shöwchen völlig zu beherrschen – und jetzt muß ich erst einmal erklären, was *Shöwchen* bedeutet. Das Shöwchen, das war die Gruppe von Leuten, die sich immer an der Bar, neben der Musikbox, zum Durchmachen versammelten, nachdem die letzte Show vorbei war, und die beim Durchmachen einfach nicht wahrhaben wollten, daß es draußen schon Tag war und daß alle Welt schon eine ganze Weile arbeitete oder jetzt gerade zur Arbeit ging, alle Welt außer dieser Welt von Leuten, die in die Nacht hinabtauchten und in irgendeiner dunklen Höhle herumschwammen, auch wenn sie künstlich war, in dieser Welt nächtlicher Froschmänner. Dort, im Zentrum des Shöwchens, stand nun also die Dicke, bekleidet mit einem billigen Kleid aus einem miesen kastanienbraunen Stoff, dessen Farbe mit der Schokolade ihrer Schokoladenhaut ineinanderfloß, und ein paar alten, schäbigen Sandalen und mit einem Glas in der Hand, bewegte sich im Takt der Musik, bewegte ihre Hüften, ihren ganzen Körper auf eine so schöne Weise, nicht obszön, aber doch sinnlich und einfach schön, wiegte sich im Rhythmus, trällerte durch ihre wulstigen Lippen, ihre dicken, violetten Lippen vor sich hin, im Rhythmus, schüttelte das Glas im Rhythmus, rhythmisch, wunderschön, ganz künstlerisch jetzt, und die Gesamtwirkung war von einer so anderen, so schrecklichen, so neuen Schönheit, daß ich es bedauerte, die Kamera nicht dabeizuhaben, um diesen ballettösen Elefanten, dieses Flußpferd beim Spitzentanz, dieses von der Musik ins Schwanken gebrachte Bauwerk aufzunehmen, und ich sagte zu Irenita, bevor ich sie nach dem Namen fragte, unterbrach mich, als ich sie nach dem Namen fragen wollte, schon danach fragte, Sie ist die wilde Schönheit des Lebens, natürlich ohne daß Irenita mich hörte, natürlich ohne daß sie mich verstanden hätte, und wenn sie mich gehört hätte, und ich sagte, fragte sie, sagte zu ihr, Du, wer ist das denn. Sie sagte in ziemlich garstigem Ton zur mir, Das ist die singende Riesenschildkröte, die einzige, die Boleros singt, und lachte, und dann tauchte Vítor aus der Dunkelheit neben mir auf und flüsterte mir im Vorbeigehen ins Ohr, Sei vorsichtig, das ist Moby Dicks Kusine, die Schwarze Walin, und zum Glück war ich schon in Stimmung, hatte schon zwei oder drei Gläser getrunken, denn so konnte ich Vítor an seinem Drillicharm packen und zu ihm sagen, Du Scheißgallego, du bist ein ganz beschissener Sklaventreiber, ein Scheißrassist, ein blöder Arsch: ein Arschloch erster Güte bist du, und er sagte zu mir, Ich laß es dir durchgehen, weil du betrunken bist, mehr sagte er nicht, und dann verschwand er, wie jemand, der durch einen Vorhang schlüpft, wieder in der Dunkelheit. Ich ging auf sie zu und fragte sie, wer sie sei, und sie sagte, La Estrella, und ich sagte zu ihr, Nein, nein, Ihr richtiger Name, und sie sagte, La Estrella, ich bin *die* Estrella, Jungchen, und sie hatte ein tiefes Baritonlachen oder wie immer man die Frauenstimme nennen mag, die dem Baß entspricht, aber wie Bariton klingt, Kontra-Alt oder so ähnlich, und sie sagte lächelnd zu mir, Ich heiße Estrella, Estrella Rodríguez, Ihre ergebenste Dienerin, sagte sie, und ich sagte mir, Sie ist schwarz, schwarz, schwarz, völlig schwarz, und wir fingen an zu reden, und ich dachte, was das doch für ein langweiliges Land wäre, wenn es den Pater Las Casas nicht gegeben hätte, und ich sagte zu ihm, Gesegnet seist du, Pater, daß du Neger aus Afrika als Sklaven hierhergebracht hast, um die Sklaverei der Indianer zu lindern, von denen ohnehin kaum noch welche übrig waren, und ich sagte zu ihm, Pater, gesegnet seist du, denn du hast dieses Land gerettet, und dann wandte ich mich wieder Estrella zu und sagte, La Estrella, ich liebe Sie, und sie lachte schallend und sagte, Du bist ja stockbesoffen, ich protestierte und sagte, Nein, ich bin nicht stockbesoffen, sagte ich, ich bin stocknüchtern, und sie unterbrach mich, Du bist stinkbesoffen, sagte sie und ich sagte, Sie sind eine Dame, und als Dame sagt man sowas nicht, und sie sagte, Ich bin keine Dame, ich bin eine Künstlerin, verdammich, und ich unterbrach sie und sagte, Sie sind also La Estrella, sagte ich flachsend, und sie sagte, Und du bist besoffen, und ich sagte, Wie eine Flasche, sagte ich, randvoll mit Alkohol, aber nicht besoffen, und ich fragte sie, Sind Flaschen besoffen, und sie sagte, Ach woher denn, und lachte wieder, und ich sagte, Aber vor allen Dingen liebe ich Sie, La Estrella, Würze meines Lebens, mehr als alle anderen Gewürze zusammen, mit Estrellagon können sich weder Thymian noch Majoran messen, und sie lachte wieder schallend, schüttelte sich vor Lachen und schlug sich schließlich mit einer ihrer endlosen Hände auf einen ihrer unendlichen Schenkel, und der Knall hallte von den Wänden wider, als wenn die abendliche Neunuhrsalve versehentlich morgens in dieser Bar abgefeuert worden wäre, und dann fragte sie mich, Auch bis über die Ohren, und ich sagte zu ihr, Na klar, bis über sämtliche Ohren bin ich verliebt, verknallt, verschossen, und sie sagte, Nein, nein, ich meinte, ob's auch bis über die Ohren reicht, ob du mich auch damit liebst, und sie führte beide Hände zum Kopf und faßte sich in ihr Kraushaar, und ich sagte zu ihr, Mit Haut und Haar, und plötzlich sah sie aus wie das glücklichste Geschöpf auf Erden. Und da machte ich La Estrella den großartigen, einmaligen, unmöglichen Vorschlag. Ich beugte mich zu ihr und sagte ihr ganz leise ins Ohr, La Estrella, ich möchte Ihnen einen unanständigen Antrag machen, sagte ich, La Estrella, kommen Sie, trinken wir einen zusammen, und sie sagte, Mit-Ver-gnü-gen, und trank mit einem Schluck das Glas leer, das sie in der Hand hielt, wogte mit zwei Chachachaschritten zur Theke und sagte zum Keeper, Hey Schätzchen, noch einen von den meinen, und ich fragte sie, Warum denn 'nen gemeinen, und sie antwortete, Nein, doch keinen gemeinen, der soll mir einen von *meinen* rübergeben, und sie lachte und sagte, *Meiner*, das ist La Estrellas Drink und den bekommt sonst keiner, kapiert, und sie brach wieder in schallendes Gelächter aus, so daß ihre riesigen Brüste wackelten wie die Kotflügel eines alten Lastwagens, wenn der Motor ins Stottern gerät.

Da packte mich ein Händchen am Arm, und es war Irenita, Willst du die ganze Nacht, fragte sie mich, hier bei der Dicken bleiben, und ich antwortete ihr nicht, und sie fragte mich noch einmal, Du bleibst also bei der

Dicken, und ich sagte, Ja, einfach nur ja, und sie sagte nichts, grub mir aber ihre Fingernägel in die Hand, und da lachte La Estrella schallend, ganz überheblich, ganz selbstsicher, und nahm meine Hand und sagte zu mir, Laß sie doch, heiße Katzen gehören aufs Blechdach, und zu Irenita sagte sie, Na komm, Kindchen, setz dich brav auf'n Hocker, alle lachten, sogar Irenita lachte der Form halber mit, um keine schlechte Figur abzugeben und sich nicht noch lächerlicher zu machen, und zeigte dabei die Lücken der beiden Backenzähne, die ihr direkt neben den oberen Eckzähnen fehlten.

Im Shöwchen gab es immer noch eine Show, nachdem die Show zu Ende war, und jetzt tanzte eine Rumbatänzerin zur Musik aus der Musikbox und hielt inne, als ein Kellner gerade vorbeiging, und sagte zu ihm, Papi, mach die Scheinwerfer an, dann gibt's Stimmung, und der Kellner ging hin und zog ein paarmal den Stekker heraus und steckte ihn dann wieder ein, aber da die Musik jedesmal wegblieb, wenn die Musikbox ausging, hing die Rumbatänzerin einen Augenblick in der Luft und bewegte ihren unglaublichen Körper in ein paar kurzen, merkwürdig gedehnten Schritten und streckte ein Bein vor, sepiabraun zuerst, dann erdfarben, dann Schokolade, dann Tabak, dann Rohrzucker, dann Zimt, Kaffee jetzt, jetzt Milchkaffee, Honig jetzt, schweißglänzend, tanzgestrafft, und in diesem Augenblick ließ sie den Rock über ihre Knie gleiten, die rund und poliert und Sepia und Zimt und Tabak und Kaffee und Honig sind, über die langen, strammen, geschmeidigen, vollkommenen Schenkel, und warf ihren Kopf zurück, nach vorn, zur einen Seite, zur andern, nach links und rechts, wieder zurück, immer wieder zurück, zurück bis in den Nacken, bis auf den tief ausgeschnittenen, leuchtenden, tabakfarbenen Rücken, vor und zurück, bewegte die Hände, die Arme, die Schultern mit ihrer unglaublich erotischen, unglaublich sinnlichen, einfach unglaublichen Haut, strich sich über die Brüste, über die vollen, festen, sichtlich fessellosen, sichtlich aufgerichteten, sichtlich zarten Brüste: die Rumbatänzerin, nackt unter ihrem Kleid, Olivia hieß sie, heißt sie in Brasilien immer noch, ohne Partner, losgelöst, frei jetzt, mit dem Gesicht eines schrecklich verderbten, zugleich unglaublich unschuldigen kleinen Mädchens, das jetzt vor meinen Augen die Bewegung, den Tanz, die Rumba erfand: die Summe der Bewegung, ganz Afrika, der Inbegriff des Weiblichen, der Tanz an sich, das ganze Leben, vor meinen Augen, und ich ohne die verdammte Kamera, und hinter mir La Estrella, die alles mit ansah und sagte, Das gefällt dir wohl, und sich vom Thron ihres Barhockers erhob, und während die Rumbatänzerin immer noch tanzte, ging sie zur Musikbox, zur Steckdose, sagte, Lauter neumodisches Zeug, stellte ab, riß fast wütend den Stecker heraus, als wollte ihr der Mund von Kraftausdrücken überschäumen, und sagte, Schluß damit, jetzt wird Musik gemacht. Und ohne Musik, ich meine, ohne Band, ohne Begleitung begann sie, ein unbekanntes, neues Lied zu singen, das aus ihrer Brust, aus ihren riesigen Eutern, aus ihrer Walzenwampe emporstieg, und nur einen kurzen Augenblick dachte ich an die Geschichte vom Wal, der in der Oper sang, denn sie legte mehr in das Lied als das falsche, zuckersüße, sentimentale, geheuchelte Gefühl, nichts von diesem dümmlichen Schmalz, von diesem kommerziell fabrizierten *Feeling*, sondern wirkliches Gefühl, und ihre Stimme klang sanft, schmelzend, flüssig, leicht ölig jetzt, eine kolloidale Stimme, die wie das Plasma ihrer Stimme ihrem ganzen Körper entströmte, und plötzlich fuhr ich zusammen. Seit langem hatte mich nichts mehr so angerührt, und ich begann laut zu lächeln, weil ich gerade das Lied erkannt hatte, begann zu lachen, bekam einen Lachanfall, weil es *Noche de ronda* war, und ich dachte, Agustín Lara, du hast überhaupt nichts ersonnen, du hast nichts komponiert, diese Frau hier erfindet gerade dein Lied: komm doch morgen vorbei und hols ab und kopiers und brings nochmal unter deinem Namen raus: *Noche de ronda* wird in dieser runden Nacht geboren.

La Estrella sang weiter. Sie schien unermüdlich. Irgendeiner bat sie, *La Pachanga* zu singen, und sie stand da, einen Fuß vor dem andern, die aufeinandergetürmten Wülste ihrer Arme über den wogenden Wülsten ihrer Hüften, stampfte auf den Boden mit ihrer Sandale, die ein unter den ozeanischen Wülsten ihrer Beine versinkendes Boot war, stampfte, ließ das Boot mehrmals auf den Boden krachen, warf ihr schweißglänzendes Gesicht nach vorne, ihre Wildtierschnauze, dieses Geäse einer borstenlosen Wildsau mit dem von Schweiß triefenden Schnurrbart, warf die ganze Abscheulichkeit ihres Gesichts nach vorne, mit den jetzt kleineren, boshafteren Augen, fast gänzlich verborgen unter den Brauen, Sehschlitze unter zwei Fettwülsten, auf denen sich in dunklerem Schokoladenbraun die Linien der aufgeschminkten Brauen abzeichneten, reckte ihr ganzes Gesicht vor den endlosen Körper und antwortete, La Estrella singt nur Boleros, sagte sie und fügte hinzu, Sanfte Lieder, mit Gefühl, vom Herzen zu den Lippen und von meinem Mund an dein Ohr, Kindchen, damit du Bescheid weißt, und sie fing an, *Nosotros* zu singen, ließ den Frühverstorbenen Pedrito Junco neu erstehen, machte aus seiner wehleidigen Schnulze ein richtiges Lied, ein lebensvolles, von gewaltiger, wahrhaftiger Wehmut erfülltes Lied. Und La Estrella sang weiter, sang bis acht Uhr morgens, ohne daß wir merkten, daß es acht Uhr morgens war, bis die Kellner anfingen zusammenzuräumen und einer von ihnen, der Kassierer, sagte, Tut mir leid, liebe Familie, und er meinte damit tatsächlich Familie, er sagte das Wort nicht nur so daher, sagte nicht Familie, obwohl er damit etwas ganz anderes sagen wollte, sondern meinte damit wirklich Familie, und sagte: *Familia*, wir müssen jetzt schließen. Aber davor, kurz davor, bevor das passierte, war da noch dieser Gitarrist, ein guter Gitarrist, ein schmächtiger, hohlwangiger Typ, ein einfacher, achtbarer Mulatte, der keine Arbeit hatte, weil er so bescheiden und so ungekünstelt und so gutmütig war, aber ein großer Gitarrist, der wußte, wie man einem noch so billigen und kommerziellen Schlager ungewöhnliche Melodien entlockt, der es verstand, wahres Gefühl aus der Tiefe seiner Gitarre zu fischen, der bei jedem Lied, bei jeder Melodie, bei jedem Rhythmus das Beste aus den Saiten holen konnte, der, dem ein Bein fehlt, der ein Holzbein und immer eine Gardenie im Knopfloch hat, den wir im Spaß liebevoll Niño Nené nannten, nach dem Vorbild der Flamencosänger wie Niño Sabicas oder Niño de Utrera oder Niño de Parma, und dieser Niño Nené sagte, bat, Laß mich dich bei deinem Bolero begleiten, Estrella, und La Estrella führte die Hand zur Brust, schlug sich zwei, dreimal auf die riesigen Titten und antwortete ganz hochnäsig, Nein, Niñito, nein, sagte sie zu ihm, La Estrella singt immer allein: sie braucht sonst keine Musik. Danach sang sie *Mala noche* und machte dabei ihre später so berühmte Parodie auf Cuba Venegas, über die wir uns halbtot lachten, und danach sang sie *Noche y dí*a, und danach bat uns der Kassierer zu gehen. Und da die Nacht schon Tag war, gingen wir.

La Estrella bat mich, sie nach Hause zu bringen. Sie sagte, ich solle noch einen Augenblick warten, sie müsse noch etwas holen, und dann kam sie mit einem Päckchen zurück, und als wir hinausgingen, um in mein Auto zu steigen, eines dieser englischen Sportwägelchen, hatte sie Mühe, eine einigermaßen bequeme Position zu finden, ihre dreihundert Pfund auf einem Sitz unterzubringen, auf dem nicht einmal einer ihrer Schenkel Platz hatte, und schließlich stellte sie das Päckchen zwischen uns und sagte, Das ist ein Paar Schuhe, das hab ich geschenkt bekommen, und ich sah sie an und merkte, daß sie arm war wie eine Kirchenmaus, und wir fuhren los. Sie wohnte bei einem Schauspielerehepaar, oder vielmehr bei einem Schauspieler namens Alex Bayer. Der Typ hieß nicht wirklich so, sondern Alberto Pérez oder Juan García oder so ähnlich; aber er nannte sich Alex Bayer, weil Alex ein Name ist, den sich diese Leute mit Vorliebe zulegen, und das Bayer hatte er sich von Bayer genommen, der Pillenfirma, die Schmerzmittel herstellt, jedenfalls nannten diesen Typ manche Leute, zum Beispiel seine Freunde, die Leute aus der Cafeteria Radiocentro, nicht Alex Bayer, A-leks Bay-ér, wie er es aussprach, wenn er nach einem Programm die Absage machte, sondern nannten ihn, wie sie ihn heute noch nennen, nannten ihn Alex Aspirin, Alex Spalt, Alex Valium oder so was Ähnliches, und jeder wußte, daß er schwul war, denn er lebte in seinem Haus wie in einer regelrechten Ehe mit einem Arzt zusammen, und sie waren immer ein Herz und eine Seele, ein Herzchen und ein Seelchen, und dort wohnte sie, La Estrella, in ihrem Haus, war ihre Köchin, ihr Dienstmädchen, kochte ihnen ihr Breichen und machte ihnen ihr Bettchen und ließ ihnen das Badewässerchen einlaufen, undsoweiterchen, und wenn sie sang, dann nur zum Spaß, aus reiner Freude am Singen, und sie sang, weil es ihr Spaß machte, einfach weil sie Lust dazu hatte, im Las Vegas und in der Bar Celeste oder im Café Nico oder in irgendeinem Café oder Club oder einer Bar im Umkreis der Rampa. Ich brachte sie also in meinem Wagen nach Hause, brüstete mich aus denselben, nur anders gepolten Gründen, aus denen es andere Leute als ziemlich beschämend oder ziemlich lästig oder einfach als unbequem empfunden hätten, jene riesige Negerin in dem kleinen Wagen sitzen zu haben, sich mit ihr am frühen Morgen so zur Schau zu stellen, mit den ganzen Leuten um dich herum, die alle zur Arbeit gehen, arbeiten, durcheinanderlaufen, in die Busse steigen, die Straßen füllen, alles überschwemmen: die Alleen, die Bürgersteige, die Straßen, die Gassen, und wie unermüdliche Kolibris zwischen den Gebäuden herumschwirren. Und ich brachte sie zu dem Haus, wo sie arbeitete, sie, La Estrella, die dort Köchin, Hausangestellte, Dienstmädchen dieses ungewöhnlichen Ehepaars war. Wir waren da.

Es war eine abgelegene Straße im Vedado-Viertel, wo die Leute noch schliefen, noch träumten und schnarchten, und ich stellte gerade den Motor ab, ließ dabei den Gang drin, streckte einen Fuß aus der Wagentür, schaute den nervösen Zeigern zu, wie sie auf dem toten Punkt wieder zur Ruhe kamen, sah in den Glasscheiben der Instrumente das Spiegelbild meines abgewrackten, morgendlich gealterten Gesichts, ausgelaugt von der Nacht, als ich ihre Hand auf meinem Schenkel spürte: sie legte ihr fünf Würste auf meinen Schenkel, fünf Salamis fast, die einen Schinken garnieren, auf meinen Schenkel, ihre Hand auf meinen Schenkel, und ich sah, daß sie den Schenkel ganz bedeckte und dachte, La belle et la bête, und als ich an die Schöne und das Tier dachte, lächelte ich, und da sagte sie zu mir, Komm mit rauf, ich bin allein, sagte sie zu mir, Alex und sein Leibarzt, sagte sie und lachte mit einem Lachen, das die gesamte Nachbarschaft aus dem Schlaf, den Alpträumen, dem Tod oder sonst was hätte reißen können, sind nicht da, sagte sie: sie sind übers Wochenende ans Meer gefahren, komm mit hoch, es ist sonst keiner da, sagte sie zu mir. Da steckte nichts dahinter, keine Anspielung auf Sex oder sowas, überhaupt nichts, aber ich sagte trotzdem zu ihr, Nein, ich muß gehen, sagte ich. Ich muß arbeiten, ich muß schlafen, und sie sagte nichts, sagte nur noch, Ist gut, und stieg aus dem Wagen, besser gesagt, leitete den mühseligen Prozeß des Aussteigens ein, und eine halbe Stunde später wachte ich aus einem kleinen Nickerchen auf und hörte, wie sie zu mir sagte, jetzt schon vom Bürgersteig aus, gerade dabei, den anderen Fuß auf den Bürgersteig zu setzen (während sie sich bedrohlich über das Autochen beugte, um ihr Päckchen mit den Schuhen an sich zu nehmen, fiel einer der Schuhe heraus, und es waren keine Damenschuhe, sondern alte Knabenschuhe, und sie hob ihn wieder auf), wie sie zu mir sagte, Weißt du, ich hab einen Sohn, nicht als Entschuldigung oder als Erklärung, einfach nur als Information sagte sie zu mir, Weißt du, er ist etwas zurückgeblieben, aber ich hab ihn um so mehr lieb, sagte sie und ging davon.

Aida García Alonso

Manuela, die Mexikanerin

Ach, das Habana von damals war nicht so groß. Es war viel kleiner als heute und die meisten Häuser waren alt und krumm. In der Neustadt von Vedado wohnten nur wenig Leute. Feste Straßen gab es kaum, und wenn du in der 23. Straße die Trambahn nehmen wolltest, mußtest du schon zwei Paar Schuhe anhaben, so tief war der Schlamm auf der Gasse. Von La Habana nach Marianao war es eine halbe Weltreise. Im Sommer sind wir aufs Land gegangen in die Zuckermühle Soledad bei Cienfuegos. Dort hatte mein Vetter eine Schwester, die war mit dem Maschinenmeister verheiratet. Im Zuckerwerk wimmelte es von Amerikanern. Alles, was aus Eisen war, hatten sie aus Amerika herbeigeschleppt. Die Milch zum Beispiel schütteten sie in eine Maschine, die war wie ein Fleischwolf. Auf der einen Seite kam Milch heraus und auf der anderen Butter. Alles ging dort maschinell, und um drei Uhr nachmittags konnten sich die Leute von der Zuckermühle die Milch holen. Das ganze Fleisch, das dort gegessen wurde, war eingemacht. Dort im Zuckerdorf war ich als Mexikanerin mit meinen 16 Jahren natürlich eine Sensation. Alle haben mich eingeladen. Täglich ging ich aus. Es gab sogar Pferde zum Reiten. Ich habe mich gut unterhalten, und die Landschaft gefiel mir auch. In der Soledad habe ich über drei Monate zugebracht. Anfang Dezember fuhren wir nach Habana zurück. Wir wohnten in einer Pension am Prado im Haus Nr. 55. Die erste Nacht durch mußten wir auf der Straße zubringen.

Die Leute sagten, im Fremdenheim ginge das gelbe Fieber um. Da mußten alle Zimmer ausgeräuchert werden, und wir saßen die ganze Nacht auf der Prado-Promenade und konnten nicht schlafen, weil die Arbeiter der Nachtschicht die Baugrube für den Handlungsgehilfenverein aushoben. Hinterher hieß es dann, daß es gar kein gelbes Fieber war, nur ein alter Mann, der Katarrh hatte. Meine Cousine wollte nicht, daß wir uns das Essen selber kochten und im Haushalt anfaßten. „Schließlich sind wir auf einer Lustreise", sagte sie. „Und wozu haben wir in der Lotterie gewonnen und einen Ausflug nach Cuba gemacht, wenn wir uns dann mit dem Haushalt herumplagen?" Also ließen wir uns das ganze Essen ins Haus schicken. Es kostete nur 33 Centavos pro Person und Tag, und es war sehr gut und reichlich. Wir bestellten immer für drei und aßen zu viert davon, und es war so viel, daß wir noch etwas davon wegschmeißen mußten. So lebten wir zu viert von 99 Centavos am Tag. Damals rechnete in Cuba niemand mit cubanischem Geld. Es gab nur amerikanische und spanische Münzen: den Louis, die Dublone, das Hundert-Real-Stück und den Golddukaten.

Die meisten Straßen waren aus Lehm, nur in der Altstadt gab es ein paar Gassen mit Kopfsteinpflaster. San Rafael war ein Stück weit zwischen Galiano und Prado mit Holzbohlen belegt und ein Stück der Straße Obispo auch. Damals war das Albisu-Theater sehr berühmt. Dort spielte die Esperanza Iris. Die war damals ganz auf der Höhe und wurde die Königin der Operette genannt. Ich war ganz verrückt nach ihr und wollte sie unbedingt treffen, weil mir die Leute sagten, ich sähe so ähnlich aus wie sie. Aber mein Vetter hat mich kein einziges Mal ins Theater mitgenommen. Auch ins Kino durfte ich nicht. Das war nämlich die Zeit, in der das Kino in die Mode kam. Die Milchverkäufer in Habana ritten mit großen Strohkörben durch die Straßen und stiegen nicht einmal vom Pferd, um die Milch auszuschenken. Der Milchmann ritt durch die Straßen und rief die Milch aus. Vor der Haustür hielt er an, nahm den Korken vom Krug und teilte mit einem großen, langen Löffel die Milch aus. Damals tranken die Leute auch viel Eselsmilch, und die Eselinnen wurden vor die Haustür der Kundschaft getrieben und vor den Augen des Käufers gemolken. Fast jeden Abend ging ich um die Ecke zu einem Galanteriewarenladen. Da gab es eine Zehn-Cent-Abteilung mit allerhand Flitterkram, und ich war damals verrückt nach solchen Sachen. Jeden Tag gab mir Rosa einen Peso, und jeden Abend trug ich meinen Peso in diese Bude. Als wir nach Mexiko zurückfuhren, brachte ich einen ganzen Koffer voller Geschenke mit. Mein Vetter wollte nicht in Cuba bleiben. Der Lotteriegewinn ging zu Ende und er fand keine Arbeit. Wir waren alle sehr traurig. In Cuba sah es nicht gut aus. Die ganze Bucht war voll von amerikanischen Kriegsschiffen. Sie hatten Estrada Palma abgesetzt und die Cubanische Flagge von Morro heruntergeholt. Jetzt war Mister Magoon an der Regierung. Mir gefiel es trotzdem in Cuba. Ich wollte nicht nach Mexico zurück. Aber es blieb mir nichts anderes übrig. Ich wollte auf jeden Fall nach Cuba zurückkehren. Bei der Abreise waren wir alle sehr niedergeschlagen. Von der Kabine aus sahen wir die amerikanische Fahne über dem Hafen wehen.

Alejo Carpentier
Le Sacre du printemps

Und es kam mein überwältigtes Staunen angesichts einer wiederentdeckten Stadt, die ich nun mit neuen Augen sah, mit einem Blick, der fähig war, neue Wertmaßstäbe anzulegen und Vergleiche zu ziehen, abzuwägen, einzudringen: endlich den Dingen auf den Grund zu gehen. Also durchstreifte ich, ein Verlorener Sohn, *meine* Straßen (nie hatte mir eine Straße in Paris den Eindruck vermittelt, *meine* zu sein! ...) und fand, nach langer Irrfahrt, mich selbst: ein neues *Ich*, das nun in dem mich Umgebenden, dem von mir Wahrgenommenen wiedergeboren/geboren wurde. Hingerissen stand ich vor einem alten Palast aus der Kolonialzeit, der durch alle seine Steine zu mir sprach, vor der Anmut polychromer Fensterscheiben, die mir ihre Farben ins Gesicht strahlten, vor dem ungeahnten Einfallsreichtum eines Fenstergitters mit leicht andalusischem Einschlag, in dessen verschlungenen Formen ich so etwas wie die Buchstaben eines unbekannten, geheime Botschaften übermittelnden Alphabets entdeckte. Es verschlug mir den Atem vor plötzlicher Ergriffenheit, als ich den stummen Anruf einer Frucht spürte, die moosige Feuchtigkeit eines Patio, den brackigen Geruch einer Brise, den vielsagenden Duft gebräunten Zuckers. Der Hauch der mit Bananenstrohwedeln gefächelten Kohlebecken, das Holz der Feueröfen, der stupende graue Rauch röstenden Kaffees, der Schweiß des Zuckerrohrs in der Zuckermühle, das mächtige Aroma der großen Tabaklager neben dem Bahnhof Terminal;

das Vetiveröl, das Basilikum, die Minze, das *Agua de Florida* der Mulattin, das im Geruch der *santería*, wenn schon nicht dem der Heiligkeit stand, die unter den hohen Portalen des Palacio de Aldama feilgebotenen Narden, der plötzliche Duft des Knoblauchs, der Bitterorangen und – hinter der nächsten Straßenecke – des *sofrito*; ja selbst der strenge Geruch von Schalentieren und Erdöl, Teer und Entenmuscheln auf den Molen von Regla rührten mich unbeschreiblich und beschworen in meinem Gedächtnis Dutzende abwesend/anwesender Personen herauf. Hier war ich eines Tages gegangen und hatte mich, voll von Gedanken, die für überaus schuldhaft galten, von einer Stimme locken lassen, die mich durch Jalousien hindurch einlud zu ...; in diesem Lokal mit den bunt verglasten Innentüren war es gewesen, in genau diesem, wo damals so endlos diskutiert worden war über ...; da, ja da war das Große Lachen ausgebrochen und danach ...; ah! ... und in diesem Haus hatte ich die Nacht verbracht mit der, die ...; und dort, in diesem Hochparterre mit den blauen Fensterscheiben, an jenem Sonntag, der nicht wie andere Sonntage war, hatte Rubén Martínez Villena mir so lange von seiner geschwundenen Begeisterung für eine nur literarisch sich ausdrückende Poesie gesprochen und von seinem Entschluß, sie aufzugeben angesichts der Dringlichkeit einer anderen möglichen *poiesis*, die ihm deutlich vor den hellen, seherischen Augen stand. ... Und wie ein Besucher, der in einem weitläufigen Museum von Bild zu Bild geht, von diesem Schrank zu jener Vitrine, ging ich durch dieses Havanna, das mir mit einemmal meine Wurzeln offenlegte. Es lieferte mir die Schlüssel zum Verständnis meines Wesens, war ich doch hier geboren worden und aufgewachsen (und ich erkannte sie wieder, die Tonika bestimmter Straßen, das greise Alter jenes Vordaches, die Dauerhaftigkeit einer noch immer grünenden Laube im Hinterhof eines Hauses auf der Plaza del Cristo ...). Ich blieb stehen vor allem, was eine Erinnerung in mir erneuerte, mir ein Bild ins Gedächtnis rief oder mich veranlaßte, das Buch meiner eigenen Geschichte von rechts nach links, vom Inhaltsverzeichnis zum Vorwort zurückzublättern ... Da stand das Gymnasium, in dem ich die Liebe zur Literatur und den Abscheu vor der Algebra entwickelt hatte; seinen offenen Fluren, in die ich verstohlen, auf den Zementböden nach meinen Spuren suchend, hineinsah, entströmte noch der gleiche Geruch von Abort und Creolin, hallte wie ehedem eine brüchige Stimme, die in einem Schulzimmer für Sextaner noch immer dieselbe Definition von *Idiom* und *Sprache* wiederholte, mit der sie in früheren Zeiten im gleichen Ton mich niedergebügelt hatte: „*Die Gesamtheit der Wörter und Sprechweisen eines Volkes oder einer Nation*" ... Da war der Frisiersalon, wo ich aus dem Kinderstühlchen überwechselte in den prächtigen weißen, aseptischen, dreh- und verstellbaren Erwachsenensessel, der mittels eines Hebels oder Pedals gehoben und gesenkt werden konnte (wie der, den Chaplin in einer Szene seines „Großen Diktators" genial verwendet hat), vor Spiegeln, die durch den Anblick jenes schwärzlichen, nach und nach zum Bart sich verdichtenden Flaums meine Männlichkeit hoben. Es war ein köstlicher einheimischer Frisiersalon mit Kaffee und Lotterielosen und Präservativen in Umschlägen mit eleganten Etiketten im Wiener Stil (Marke „Die lustige Witwe" ...) zwischen Rasiermessern und Zerstäubern: ein immerwährender Kreis klatschender Müßiggänger, Neuigkeitenbörse, Umschlagplatz für Botschaften, Plauderzirkel und Gerüchteküche – ja für einige Kunden sogar diskreter Briefkasten –, wo hinter dem spiralförmigen blau-weiß-roten Aushängeschild meine jugendlichen Ohren, während ich tat, als sei ich in die Lektüre irgendeiner Zeitschrift vom vergangenen Monat vertieft, die amüsantesten Geschichten von Dirnen und Kupplerinnen vernahmen, von Ehebrüchen und listigen Streichen, von tolldreisten Heldentaten im Umkreis des Hotels *Venus* oder der Tanz-Akademie *Mars und Bellona* (und mich entzückte die mythologische Anwesenheit dieses Gottes der Sabiner und Römer und der verwegenen Lenkerin seines Streitwagens in der tropisch warmen Atmosphäre von Barkeepern, Animiermädchen, Klapphörnern und Maracas ...), erfuhr mit williger Aufmerksamkeit auch von der Existenz der jeweils illustren großen Lebedamen, berühmter Edelnutten von Bankiers, Großgrundbesitzern, Geschäftsleuten – „Geldleuten", wie man zu sagen pflegte –, deren aktive, leicht mysteriöse, fast magische und zauberische Anwesenheit in einer merkantilen und bürgerlichen, auf den Schein bedachten, heuchlerischen und zugleich „wohlanständigen" Stadt wie der unsern (man mußte zu den „anständigen Leuten" gehören, mit „anständigen Leuten" verkehren, „anständig" sein ...) ihnen, jedenfalls in meiner angestachelten Neugier, etwas von jener sakralen Aura verlieh, mit der in der Antike die Frauen umgeben waren, die sich in den Tempeln der syrischen Göttin rituell prostituierten, etwas von dem erotischen Priestertum, das Aristophanes nicht ohne Grund respektierte, wenn er, ohne sie zu beleidigen, von den hitzigen und begehrten Hetären von Korinth sprach. Und wie auf imaginären Sockeln, links und rechts eines Weges aufgestellt, der zu den Arkana einer notwendigen Initiation führte, erschienen mir diese Frauen als Blumen-Frauen, Totem-Frauen, Hierophanten-Frauen, zu deren Namen und Rufnamen Attribute und Accessoires, Angewohnheiten und schmückende Gegenstände gehörten, die ihrerseits Nahrung boten für andere Mythologien, angereichert von der mündlichen Chronik derer, die sich – immer im Frisiersalon – brüsteten, ihre Gunst genossen zu haben. *La Macorina* (verwegene Amazone im roten Rennwagen Marke Panhard, die mit dem Geknatter eines Feuerwerks die Abenddämmerung stürmte ...); *die Königstigerin* (ein Pfau aus grünem Glas von Lalique am Kopfende ihres Bettes ...); *die lebende Tote (Pierrot-Lunaire-*Blässe, bleiweiße Schminke, eine niedrige, fast an Begräbniswagen erinnernde Limousine ...); die *Katho-*

lische Königin (man wußte, daß sie häufig ihre Juwelen versetzte ...); *Norka die Russin*, die behauptete, die Geliebte des Großherzogs Kyrill gewesen zu sein, und die den einzigen jemals in Havanna erblickten Samowar besaß; Evelyn und Grace, blonde Saison-Kokotten aus Atlantic City, die jedes Jahr hier auftauchten, sobald in Florida die Reiher in die warmen Buchten der Karibik abwanderten; *Johanna die Wahnsinnige* (exzentrische Aufmachung, Produkt einer Vorstadtmodistin, deren barockes Genie aufgeblüht war bei der Betrachtung einer in die Welt der Salome oder des Hohenliedes zurückversetzten Gloria Swanson oder Nazimowa ...); *die Widerspenstige*, mit einer kurzen Theatervergangenheit im Madrid des Plaza de la Cebada oder des Edén Concert, die sich brüstete, auf den Brettern der Macarrona, ja sogar der Pastora Imperio Flamenco getanzt zu haben; und nach den hochrangigen *grands nus* die nahbareren Nuditäten der Camelia, der Veronica, Gaby, Rachel oder Altagracia – lauter lustige Freudenmädchen und erstklassige Eichmeisterinnen, was den Warenwert jedes Mannes betraf, sentimental bisweilen, ja sogar selbstloser Hingabe fähig, gewöhnlich jedoch den sicheren Angelhaken verbergend hinter stolzem und verächtlichem Auftreten – sie alle waren es, die, wenngleich mit gewaltiger Verspätung, die klassische Tradition der Balzacschen Torpille, der Nanas des Zweiten Kaiserreichs in Frankreich und der sagenumwitterten Hetären, die mit dem Schillern ihrer Sonnenschirme und dem Geklingel ihrer Kutschpferde die „belle époque" aufgeheitert und ihre Namen in die kleine Geschichte des Jahrhunderts eingeschrieben hatten, in den Tropen fortdauern ließen ... Aber diese Erinnerungen traten zurück, als ich, ein paar Schritte weiter, vor der Buchhandlung des Franzosen Morlhon stand, wo ich mich vor Jahren mit Swann, Saint-Loup, Albertine und Charlus bekannt gemacht hatte, nachdem mir der Umgang mit Jerónimo Coignard, Doña Perfecta und dem Marqués de Bradomín langweilig geworden war … Und hier im Paseo del Prado stand immer noch, mit seinem Säulenportal, das altehrwürdige Herrenhaus des Conde de Romero, das – vorausgesetzt, sie waren noch da – einen Asketen von Zurbarán in seinen Mauern barg, einen bethlehemitischen Kindermord von Monsú Desiderio und, vor allem, ein Prachtgemälde, einem hervorragenden Goya-Schüler zu verdanken, das die Einweihung des Madrider Teatro Real – die Eröffnungsvorstellung mit *La favorita* auf der Bühne und der Reina Castiza in ihrer in Rot und Gold gehaltenen Loge – zeigte … Noch immer da, wo sie hingehörten, grüßten mich die Aushängeschilder der Läden: „Die heiligen drei Könige", „das Andalusische Füllen", der fliegende Engel des Beerdigungsinstituts „Sympathie", der Affe mit Fernrohr und Pluderhosen à la Drake, freibeuterischer Türhüter vor einem Geschäft mit optischen Geräten, ehe mir, seiner Strenge wegen, das majestätische Schild „Die Philosophie" auffiel – in diesem Fall ein Geschäft für Damenunterwäsche mit reichhaltiger Ausstellung durchsichtiger Hemden, rosa Korsetts, Höschen und Büstenhaltern, alles Artikel, die diesen Begriff von Philosophie durchaus rechtfertigten, der sich vielleicht einer scharfsinnigen Auslegung des Axioms von Baruch Spinoza verdankte, demzufolge „wir uns bestimmte Dinge in Abwesenheit ihrer gegenwärtigen Existenz vorstellen können", zumal wenn man bedachte, daß (letzte Scholie der *Ethik*) *„alles Schöne schwierig ist"* (zu beschaffen, versteht sich) … Und ich ging weiter und weiter: unverändert in ihrem Äußeren waren die bescheidenen und leicht geheimnisumwitterten Kinos gegenüber dem Kapitol, geschätzt mehr um ihrer Dunkelheit willen als wegen der Qualität ihrer Filme, Kinos, in denen Schauergeschichten von Dracula, Frankenstein und Dr. Mabuse gezeigt wurden, alte, streifige Western, zusätzlich geschnitten, zusammengestückelt, geflickt, oder die vor dem Krieg in Madrid synchronisierten nordamerikanischen Filme, in denen bengalische Lanzenreiter wie der Bürgermeister von

Zalamea sprachen und Richard Barthelmess und Myrna Loy sich mit einem flotten „heda, liebliche Maid", „holla, lieblicher Knabe" begrüßten, wenn sie sich an einer Ecke von Times Square trafen ... Und nun blieb ich stehen vor dem Gebäude der Ursulinerinnen, dieser unglaublichen, an der mozarabischen Synagoge von Toledo inspirierten Fassade neben der Eckkapelle, die vor Zeiten um der Reinheit der Seelen willen erbaut worden, nun aber zu den Knechtsdiensten einer chemischen Reinigung verkommen war („*In einer Stunde sind Ihre Kleider wie neu*" ...); Und weiter und weiter, immer weiter gehend (ich wurde nicht müde, durch meine Stadt zu gehen mit Eigentumsrechten an allem, was ich in ihr sah), kam ich an „Das Haus der Weine", um den Alella aus einem frisch angestochenen Faß zu schmecken, und, vorbei an dem sündhaften Haus der Juana Lloviznita, deren geschlossene Tanzabende – unter den Augen des grimmigen, zinnenbewehrten Castillo de Atarés – berühmt gewesen waren, kam ich in das Cristina-Viertel, die rostreiche Hauptstadt des Schrotts, Flohmarkt für stehende, liegende, aufgespreizte, eingebohrte, verbogene oder verschlungene Eisenteile – eine Anhäufung von Fenstergittern, Gittertüren, Laternenpfosten, Schutzgittern und Prelleisten, untermischt mit radlosen Automobilen, hinkenden Motorrädern, lahmenden Fahrrädern, ausgeleierten Bettrosten in einem weit gestreuten Emporium für rostige Scharniere, schartiges Nachtgeschirr, Drahtgestrüpp und tausendfach durchlöcherte Töpfe ... Und nach endlosen Wegen, die uns zurück in die Stadtmitte führten, die Calzada de la Reina hinunter, wo in den Arkaden Gebete, mit Wäscheklammern befestigt, und Ex-votos in Schächtelchen, ausgeschlagen mit grünem Samt, feilgeboten wurden, gingen wir, einer rasch angenommenen Gewohnheit folgend, an das unerschöpfliche *Teatro Nacional*, diese stolz sich behauptende Teratologie funktional unnützer Ornamente ... „Und hier hast du die Pawlowa tanzen sehen", fragte mich

Vera jedesmal in Erinnerung an das, was ich ihr in Benicassim aus meiner Kindheit erzählt hatte … Aber als wir die Prado hinuntergingen, eskortiert von ihren pompösen bronzenen Briefbeschwererlöwen, vergaßen wir das Theater aus Stein und Künstlichkeit und traten statt dessen vor das herrliche Meertheater, Amphitheater für Unermeßlichkeiten, Sturmdiorama, Panorama stets veränderter Sonnenuntergänge, und durchgehend geöffnet für jeden, der in seiner langen Loge mit Steinbrüstung und Klippenzähnung Platz zu nehmen wünschte. Es war ein einzigartiger Platz, der einzige, wo man jederzeit Zuschauer eines stets sich erneuernden Schauspiels sein konnte, ob nun ozeanische Wutausbrüche, Wellenwettspiele, Grundwellenangriffe, Schaumaufstände gegeben wurden oder ob sich, je nach Belieben der Tage oder der Windrichtungen, bei besänftigten Wassern Visionen in Tiefgrün von sanft gewellter Friedfertigkeit, von fast teichartiger Ruhe, von Aufforderung zu Boot und Ruder ergaben, alles mit den herrlichsten Beleuchtungstechniken: dämmernder Morgen, Vormittag, volles Licht von oben, seitlicher Scheinwerfer, abendliche Gelbtöne, fernes Rampenlicht, Schrägstrahlungen in Rot und Violett auf tiefdunklem Untergrund, womit das Herabsinken des großen gestirnten Vorhangs der Nacht sich ankündigte … Manchmal, wenn ich auf der Mauer des Malecón saß, vergaß ich das Meer, dessen durchdringender Geruch mich in hellbewußte Euphorie versetzte, und dachte – erdachte – mir die Welt in Himmelswerten. Ich sah in die Wolken und hatte den Eindruck, daß sie – genau wie die Straßen, die Alleen, der Geschmack des Wassers – mein Eigentum waren und so ganz anders als die Wolken, die ich weit hinter mir gelassen hatte, diese gezähmten, irgendwie cartesianischen, immer auf das Gesetz der Farben bedachten Wolken, das sie hell machte auf den Deckengemälden Tiepolos, grau auf den Landschaften der flämischen Meister, sie aufleuchten ließ auf den Bildern der Impressionisten, sie verscheuchte aus dem Universum Rembrandts. Hier – unter Ausschluß aller in Museen erworbenen Begriffe – war es müßig, von Zirrus, Kumulus, Nimbus und anderen katalogisierten Formen zu sprechen. Unsere Wolken waren von anderem Schlage. Launenhaft und wankelmütig, entzogen sie sich jeder Klassifizierung. Wenn sie Zirrus-, Kumulus- oder Nimbuswolken waren, dann ohne es zu wissen, ohne es wissen zu wollen. Es war ihnen nicht wichtig. Sie standen am Himmel nach ihrem königlichen/tropischen Belieben. Und deshalb konnte man sie ansehen als die sich einmischenden, die sich vordrängenden, die allegorischen, die spröden, die eitlen, die aufgeblasenen, die sich selbst anhimmelnden oder als die unterwürfigen, die mitgeschleppt wurden von anderen, größeren, den umtriebigen Herrinnen der Höhe, die die großen Regengüsse verhießen, obwohl es auch sein konnte, daß sie sich plötzlich verzogen, ohne der durstigen Erde einen einzigen Tropfen abzulassen. Andere Male hingegen, wenn man es am wenigsten erwartete, hielten sie mit bleierner Schwere über den Feldern still, verschlossen den Himmel von Horizont zu Horizont, und plötzlich in jähe Wut versetzt, rissen sie sich in Streifen, in hechelnde Fetzen und fegten, Gefahr anzeigend, über das Firmament, kreisend in Wirbelstürmen der starken Art, zerstörerischen, verwüstenden Zyklonen, die dann zu ihrer großen Kataklysmen-Symphonie, dem Strudel des Niederreißens und Zerschmetterns anhoben –, um eines schönen Morgens abzuziehen und alles triefend, aufgeschlitzt, umgefallen, eingestürzt zu hinterlassen und am nächsten Morgen wiederzukehren, als ob nichts geschehen wäre, heiter und rosig, halb lustig, halb verschlagen, als bäten sie um Entschuldigung – nichts für ungut, und hol dich der Wind! – für das am Vortag Angerichtete … Anarchisch im ständigen Wechsel der Farben, in Minutenschnelle aus marmorner Unbeweglichkeit übergehend in wildes Dahinjagen, waren sie imstande, sich plötzlich auf mimetische Abendliturgien einzustimmen, dichte Güsse von Tropfen, schwer und dick wie Kupfermünzen, herabzuschicken, in groß aufgemachter Bühne eine Trombe niedergehen zu lassen – einen „Schwanz" sagen die Bauern –, die Tanz war von Osaín-dem-mit-dem-einen-Fuße, solange sie auf der Spitze stand, dann aber, wenn sie die Himmelsschmiede angefacht und die zehntausend Rösser Changós mit den ehernen, von Ogún ihnen aufgenagelten Hufbeschlägen zum Galopp angetrieben hatte, einen gewaltigen Orkan, einen von der Sorte: wirble, was wirbeln kann, breche, was brechen kann, über die ganze Karibik und ihre erschrockenen Archipele schickte. Und am Tag nach dem Häuserumwerfen, dem Mauerspalten, dem Kegelschieben mit Königspalmen als Kegeln kamen, in einem rosigen Frühmorgen, unschuldig und sonntäglich geputzt, mit Ich-weiß-von-nichts-Miene andere Wolken (Helfershelfer der vorigen), ein bißchen Zuckerwatte, ein bißchen schwul, Wolken, ganz Bolero und Elegie, die, um Vergebung zu erlangen für das, was geschehen war, Regenbögen wie auf Abreißkalendern produzierten – halb William Blake, halb Sinfoniola –, während andere, erfindungsreich wie Bühnenmaschinisten, mit breiteren Farbpaletten vorbereiteten, was sie in einer prachtstrotzenden, alles vergessen machenden Abenddämmerung zeigen würden: das herrliche Schauspiel eines Sonnenuntergangs, wo barockes Goldgeschnörkel sich sekundenlang in einer Alchemie ohnegleichen mit der in leuchtenden Farben gemalten Flora und Fauna der amerikanischen Mythen mischte – Ekstase der von Lichtstrahlen durchbohrten heiligen Therese zwischen buntesten Vögeln, grünen, indigoblauen, purpurnen und topasgelben, kolibri- und quetzalfarbenen, samt Fahnen und Tiaren, Masken und Paramenten, den Attributen der Regen- und der Luftgötter, wie man sie in den Codices unserer strahlenden Kosmogonien sah.

Manuel Pereira
Havanna

Havannas Wachstum begann im Schatten einer Ceiba vor fast fünf Jahrhunderten. Dieser Baum ist allen drei Völkern, die hier zusammentrafen, heilig. Die Ureinwohner, die Arahuakas, verehrten ihn in ihren Mythen; eine christliche Überlieferung besagt, dass die Jungfrau Maria und das Jesuskind sich auf ihrer Flucht in diesem Baum verbargen, der sie beschützte, indem er sich mit Dornen überzog; und die Afrikaner glauben, dass in seinem mächtigen Geäst die *orishas*, die Götter zu Hause sind.

Seit die Welt Welt ist, ist jede Stadt ein Loch im Urwald. Im Fall Havannas verschonte diese Lücke einen einzigen Baum, bis das Salz des Meeres ihn um die Mitte des 18. Jahrhunderts vergiftete. Heute erhebt sich an seiner Stelle ein Nachfahr, den die Bewohner Havannas einmal im Jahr umrunden und dabei stumme Wünsche tun. So wurde Havanna geboren, unter den Gebeten dreier Rassen: der arahuakischen, der europäischen und der afrikanischen. Hier ankerten die Schiffe der spanischen Armada, beladen mit dem Gold und dem Silber Amerikas, vor ihrer Reise nach Europa. An diesem Ort, über viele Jahre Durchgangsland, lebten Menschen aus aller Herren Länder, darunter Chinesen, Iren, Indianer aus Yukatán. Diese Mischung brachte eine Kreuzung der Stile, Ikonografien und Mythologien hervor: Was sich im Blut abspielte, übertrug sich auf die Morphologie der Stadt – eine Art architektonisches Mestizentum, ein Eklektizismus, eine berauschende Mischung vieler Stile. Man kann nicht einfach von Havanna sprechen, denn es gibt mehrere. Alt-Havanna ist barock, andalusisch; es ähnelt – wenn überhaupt irgendeiner anderen Stadt – Sevilla, nur sind seine Hauswände nicht kalkweiß, noch bersten die Balkons vor Nelken. Der arabische Einschlag verrät sich in der geometrischen Ornamentierung der Täfelungen, in den eisernen Arabesken, in den mehrfach überlappten Bögen, in den mit Feuer in die Dachlandschaften eingebrannten Sternen und in der Fülle von Brunnen, die in den Innenhöfen flüstern. Es sind die Sehnsüchte nach dem Sternenhimmel der Wüsten, der ungestillte Durst des Mudéjarstil.

Die Zwänge des karibischen Klimas sorgten dafür, dass man zusätzlich Jalousien anbrachte, um die Landwinde durchzulassen, Kirchenfenster, um die Rückstrahlung des Lichtes abzumildern, und die Straßen wie Messerhiebe zwischen die Häuserreihen schlug, um so auf engen Gehsteigen Schatten zu haben und Markisen spannen zu können. Das alte Havanna ist ein bewohnbares Tier, eine verzauberte Schnecke; aber es ist auch die Versteinerung eines großartigen militärischen und missionarischen Traumes, dessen sichtbarste Zeichen die Kanonen und die Glocken sind. Noch heute dröhnt jeden Abend um neun Uhr ein Kanonenschuss über die Bucht, der die Touristen erschreckt; die Bewohner Havannas stellen ihre Uhren danach.

Dieser Kanonenschuss ist die Reminiszenz an ferne Nächte der Fackeln und Dolche, denn von jener nächtlichen Stunde an musste man auf Piratenüberfälle gefasst sein. Mit diesem Donnern wurde die Schließung der gewaltigen Stadtmauer angekündigt, die Havanna bis zu ihrem Abriss im Jahre 1865 umgab.

Zwischen Kirchen und Schlössern wurde aus dem Schwert ein irdisches Kreuz und aus dem Kreuz ein himmlisches Schwert. Die Sprache der Gegenreformation: mit Kanonendonner, *a la canona*, durchgesetzter Glaube. Die Schändlichkeiten der Inquisition, spanischer Stolz einer Gemeinschaft todgeweihter Mönche und Krieger, unzeitgemäße Mittelalterlichkeit, scholastische Trägheit, jesuitischer Feudalismus, eine Gesellschaft, in der das Argument der Stärke mehr zählte als die Stärke des Argumentes – das ist die Essenz des Bühnenbildes von Alt-Havanna durch die Zeiten.

Die Engländer hielten Havanna 1762 elf Monate lang besetzt. Der Volksmund bezeichnete diesen Abschnitt als die „Stunde der *mameyes*“, weil die roten englischen Waffenröcke die Kubaner an diese rotschalige Frucht erinnerten. Als Spanien Havanna zurückerobert hatte, ließ König Carlos III. am Rande des Hafens eine kyklopische Festung errichten: La Cabaña. Havanna wurde zum ersten befestigten Platz in Amerika. Dafür mussten so gewaltige Summen aufgebracht werden, dass der Monarch in Madrid auf den Balkon seines Palastes trat und ein Fernrohr verlangte, um von hier aus die hohen Mauern der Cabaña zu bewundern. „Sie hat mich so viel gekostet“, sagte er, „dass man sie eigentlich von hier aus sehen müsste!“

Nach und nach wuchs die Stadt aus ihren Mauern heraus. Die Aristokratie und dann das Bürgertum verlagerten sich nach Westen. Die Paläste von Fürsten und Grafen verwandelten sich unversehens in Mietskasernen für einfache Leute – in Kuba sagt man dazu *solarès*. Dank der Zuckerhausse wurde Havanna vom Transit- zum Zielhafen. Gegen Ende des 18. Jahrhunderts liefen jährlich rund tausend Schiffe in die Bucht ein, um Zucker zu laden und Kolonialwaren zu löschen. Die Unabhängigkeit der Vereinigten Staaten schleuderte eine Welle gieriger Händler in die Stadt, und die Revolution in Haiti überschwemmte sie mit Franzosen. Zurück blieb das koloniale Havanna mit seinem bekanntesten Wahrzeichen: der Kathedrale, deren in Korallenfels gearbeitete Voluten wie Rauchspiralen einer Havannazigarre oder wie Böen eines versteinerten Hurrikans in den Himmel steigen. Das Havanna des 19. Jahrhunderts hatte ein neues Emblem: das Capitol, eine protzige Kopie des Originals in Washington.

Der Paseo del Prado – eine Nachahmung der Ramblas in Barcelona – ist die sichtbare Grenze zwischen diesen beiden Havannas, dem *intra muros* gelegenen und dem außerhalb der Mauern, dem kolonialen und dem republikanischen. Die weitere Erschließung der Stadt steht nun im Zeichen der Suche nach den großen Räumen und Perspektiven: statt Kirchen und Festungen werden Geschäfte und öffentliche Gebäude gebaut. In diesem architektonischen Ensemble kann man alle Stilrichtungen finden, vom Neoklassizismus bis zur Neugotik, dazwischen Jugendstil und Art déco.

Havanna lernte die Erfindungen, die die Welt revolutionierten, stets schnell kennen: die von James Watt 1792 verbesserte Dampfmaschine lief hier schon vier Jahre später. Unsere Hauptstadt war die vierte der Welt, die eine Eisenbahn einführte, die dritte, die über eine Gasbeleuchtung verfügte. Kaum hatte Samuel Morse die Kampagne zur Verbreitung seines Telegrafensystems eingeleitet, da waren in Havanna schon große Leitungen gespannt. Das Telefon kam mit seinem Erfinder. Mehr noch, das Selbstwähltelefon wurde hier früher installiert als irgendwo sonst auf der Welt, denn Havanna war zur Teststadt auserkoren worden. Der Erfinder persönlich weihte bei uns die erste Rundfunkstation ein. Sechs Monate nachdem sie in Paris ausgestellt waren, wurden in Havanna die ersten Kinematografen, die nach Amerika kamen, in Betrieb genommen. Viele kamen hierher, geblendet: Einstein, Sarah Bernhardt, García Lorca, Antonin Artaud, Majakowsky, Isadora Duncan, André Breton, Caruso, Valle-Inclán, Igor Strawinsky …

Havanna wuchs weiter, immer nach Westen, wie ein Ölfleck auf dem Tischtuch seiner Geografie, und rief weitere Havannas hervor: Marianao, el Cerro, Vedado. Dieses letztgenannte verdankt seinen Namen einer Verfügung des Königs von Spanien, die das Fällen von

Bäumen im „geschützten“ (*vedado*) Wald an dieser Stelle untersagte. Im Laufe unseres Jahrhunderts verwandelte sich dieses Viertel in einen Wald prunkvoller, angelsächsisch inspirierter Bauten. Das sind unsere bescheidenen Wolkenkratzer, Symbol für ein Havanna mit touristischen Ambitionen. Sie spiegeln sich in den Hotels, deren Eingangshallen aussehen wie Kulissen für Gangsterfilme. In den fünfziger Jahren wurde ein neues Verwaltungszentrum geboren, mit großen Verwaltungsgebäuden und ungeheuren, kalten Räumen und Plätzen wie der Plaza Cévica, jetzt Plaza de la Revolución: deren Obelisk ist ein weiteres Wahrzeichen der Hauptstadt geworden. Gegen Ende der fünfziger Jahre dehnten sich die Entwicklungszonen weiter aus, auf der Suche nach Stränden. Im Westen entfaltete sich die Siedlung Miramar. Und plötzlich, nach der Eröffnung des Tunnels unter der Bahía, wuchs die Stadt schwindelerregend schnell auch im Osten. Hier entstand eine Art Vorort, in dem sich die modernsten Strömungen der Zeit wiederholten, eine tropische Version des nordamerikanischen Suburbs mit Siedlungen, Hochhäusern, Autokinos, Supermärkten, Golfplätzen; alles konzipiert nach den Maßstäben der Autokultur. Im Jahre 1959 wurde mit der Revolution dieser Schub abgebrochen, vom Städtebaufieber blieben nur die Verkehrsadern zurück.

Heute wird in Alamar nur noch bescheiden gebaut, um die Wohnungsnot und die Bevölkerungsdichte der Hauptstadt zu lindern. Die Revolution rettete einige architektonische Schätze, als moderne Bauvorhaben innerhalb des historischen Stadtkerns gestoppt wurden.

Nicht wenige nordamerikanische und kanadische Banken hatten bereits Filialen mit imposanten neoklassizistischen Fassaden unter die ehrwürdigen Dächer Alt-Havannas geschmuggelt; das Kloster San Juan de Letrán, einst Sitz der ersten Universität Havannas, war schon abgerissen, um an seiner Stelle ein Glashaus zu errichten, das als Hubschrauberlandeplatz dienen sollte. Niemand wird je erraten können, wie viele solcher architektonischer Ketzereien vielleicht nur unbewusst verhindert wurden, als diese Baueuphorie dann Anfang der sechziger Jahre schlagartig gebremst wurde: Wie in der Zeit geronnen blieb das alte Havanna zurück.

Vielleicht zu versteinert und über zu lange Zeit. Denn zu dem natürlichen Verfall eines so alten Ensembles kam eine Art Vergessen hinzu, eine Indifferenz gegenüber Altertümern, wie sie typisch ist für die Unterentwicklung; zwar werden seit einiger Zeit Anstrengungen zur Restaurierung von *Habana vieja* unternommen, aber das geschieht nur bruchstückhaft und bisweilen mehr unter musealen, touristischen als unter soziologischen, lebensbezogenen Vorzeichen. Es besteht die Gefahr, dass dabei eine mumifizierte Geisterstadt herauskommt. Es reicht nicht, wenn man Wände tüncht, Kanonen wieder ausgräbt und einige Gehsteige mit Statuen schmückt: Die zu restaurierende Kultur beginnt bei den Bewohnern, ohne die eine Stadt nicht existieren kann; sie beginnt damit, dass man den Menschen konkrete Lebensbedingungen schafft, die es ihnen ermöglichen, den Ort, an dem sie leben, zu lieben.

Das alte Havanna – die Zauberceiba weiß das genau – wird nie eine architektonische Sammlung für Neugierige sein, sondern ein lebendiges, dynamisches Museum. Denn aus einem unerfindlichen Grund können diese alten Häuser nicht ohne menschliche Liebe leben.

Meine Großmutter wohnte ein halbes Jahrhundert lang in einem Mietshaus am Hafen, und als sie aus gesundheitlichen Gründen von dort wegziehen musste, stürzte wenig später die Decke ihrer Wohnung ein, aus purer Traurigkeit. Dies ist nicht der einzige Fall. Robert Graves sagt: „*Baraka* ist die muslimische Bedeutung von Heiligkeit, die Gebäuden oder Gegenständen nach Jahren liebevollen Gebrauchs durch gutherzige Leute anhaftet.“ Man darf nicht vergessen, dass es in Havannas kolonialer Architektur viel muslimische Inbrunst aus Andalusien gibt, und in der Ceiba der drei grundlegenden Rassen stecken fünf Jahrhunderte der Verzauberung.

Wenn ich die Augen schließe und anfange – wie Grenouille in Patrick Süßkinds Roman – die verschiedenen Havannas zu beschnuppern, muss ich mich in die Welt meiner Kindheit zurückversetzen, weil mein gegenwärtiger Geruchssinn ziemlich verkümmert ist. Alt-Havanna, wo ich geboren wurde, riecht dann unweigerlich nach Seepocken, nach Kalfaterteer, nach schwarzen Bohnen mit Soße, nach Zuckerrohrschnaps mit Zitrone, nach Sägemehl auf Kneipenböden, nach Kampfer aus der Drogerie und nach Wäsche, die in einer chinesischen Wäscherei mit Pottasche gekocht wird. Ich weiß nicht, ob diese Häufung von Düften daher rührt, dass ich immer hier gelebt habe, oder von der eher beengten Anlage dieses kaum gelüfteten Teils der Stadt.

Jedenfalls: Wenn ich in das Havanna des Capitols stieg, die Grenze des Paseo del Prado überschritt, verflüchtigten sich diese Ausdünstungen, und schon waren es andere Aromen oder Gerüche, die sich meiner Nase darboten. Dort roch es nach Gas aus den Treppenhäusern, neben dem schäbigen Uringestank des Colón-Viertels, wo die Prostituierten ihrem jahrtausendealten Gewerbe nachgingen. Und jedes Mal, wenn bei einem der großen Kaufhäuser eine Glastür aufflog, war das, was da sogleich auf die Straße drängte, jener so unwiderstehliche wie unbeschreibliche Duft, trocken, rosig, synthetisch, der jedoch kaum einen Augenblick lang anhielt.

Sein Ursprung bleibt nach wie vor ein Geheimnis für mich, obwohl manche diesen Duft der Klimaanlage zuschreiben, den ich aber auf irgendeine rätselhafte industrielle, ganz bestimmt künstliche Substanz schiebe, die sich hinter den dicken Glaswänden ausschließlich zu meinem Genuss verborgen hielt.

Im Vedado, das ich selten aufsuchte, war das Erste, was hervorstach, der Duft nach verwelkten Blumen des Colón-Friedhofs. Wie ironisch – oder wie klug – ist doch eine Stadt, die sowohl ihre Freudenhäuser als auch ihre Nekropolis (Eros und Thanatos) mit dem Namen ihres Entdeckers tauft! Dann setzte sich der flüchtige Geruch nach verbrannten Reifen oder nach dem unter der Sonne halb geschmolzenen Asphalt durch. Offensichtlich fiel er mir auf, weil es in der Altstadt mehr Pflaster als Asphalt gab und weniger Verkehr auf den Straßen, die für Kutschen und Kaleschen konzipiert waren. Jenseits davon kann ich schon nichts mehr riechen, es sei denn ein paar verschwommene Brisen, die sich vermischen mit dem Rauschen des Gestrüpps. El Cerro, Mariano, sogar Alamar sagen meiner Nase fast nichts mehr. Das Erste, was dem Reisenden, der aus einer europäischen Stadt ohne Zugang zum Meer kommt, in Havanna beim Öffnen der Flugzeugtür über das Gesicht streichelt, ist ein wohliger Hauch von Meeresfrüchten, vielleicht vermischt mit Palmentau. Ein Gesamtduft dieser Stadt, der sich nach dem Abschied in dem Geruchsgedächtnis durch die unterschiedlichen Havannas auflösen wird. Gehen wir vom Geruch zu anderen Sinnen über: Havanna war immer laut, und das nicht nur zu Karneval, obwohl unerklärlicherweise vor einigen Jahren das Krächzen der Totís verschwunden ist, jener winzigen Stärlinge, die immer über die Stadt flogen, von der Cabaña bis zu den Lorbeerbäumen des Prado. Jeden Tag, mit der Pünktlichkeit einer Schweizer Uhr, und dabei den Himmel in einen zuckenden schwarzen Fleck verdunkelten … Verschwunden sind viele liebenswürdige Geräusche: der Scherenschleifer, der die Loma del Angel mit seiner Ziehharmonika herunterzog; die Rufe der fliegenden Obst-, Baiser- und Maispastetenhändler; die Lieder des Erdnussverkäufers, der auf den Kais auf und ab ging und dabei den geheimnisvollen tragbaren Kanonenofen hinter sich herzog, in dessen Brennkammer ein ewiges Feuerchen glühte.

Andere Geräusche sind geblieben: das Tuten der ablegenden Schiffe, die Brandung, deren Gischt sich an den Klippen bricht. Aber das heilt meine Wehmut nicht. Ich sehne mich nach einigen Visionen: den Schmetterlingen und Leuchtkäfern, die Tag und Nacht umherflattern in den Gärten des Parque del Anfiteatro, das mit seinen Apollos und Fruchtbarkeitsgöttinnen aus Marmor so naiv griechisch-römisch wirkt.

Mag sein, dass das nur Kleinigkeiten sind. Aber ich werde nie die Kopfsprünge vergessen, die ich mit meinem Vater in die Wasserbehälter an der Mole machte; noch den Fischer, der, mit dem Messer in der Hand, unter dem Geschrei der Möwen eine Kaffeekanne aus dem Bauch eines Haifischs herausholte; noch die bunten Markisen, die in der Obispo mit ihren Schreibwarengeschäften, wo ich ein Buch von Jules Verne stahl, Schatten spendeten.

Und erst recht nicht, wie meine Mutter mich nachts mitnahm, um die alte Ceiba zu umrunden, wobei sie mir mit dem Finger zu schweigen bedeutete, während sie einige Cent-Münzen aus Kupfer mit dem Bild Abraham Lincolns zwischen die Wurzeln des Baumes streute. Die Wurzeln, die vergiftet worden und dann wieder auferstanden waren, wie eine Laune des Urwaldes.

Auch diese Szene hatte ihren ganz besonderen Duft: Er entströmte den die Atmosphäre Havannas oxidierten Münzen, die metallische Ausdünstung des Kupferoxids der *guilos prietos* – wie sie in der kubanischen Hexerei genannt werden – im Kontakt mit den flüchtigen Salzen, die das Meer ewig über die Stadt schleudert und die Wasserhähne, Schlösser, Türklinken, Fensterriegel rostig machen, Spiegel trüben, alles mit Krusten überziehen. Alles – außer dem Trübsinn eines vielleicht zu nostalgischen Schriftstellers. Aber wer ist schon nicht nostalgisch, wenn er schreibt? Mein Havanna, das sind einige Gerüche und ein Schauer von unverrückbaren Bildern, denen ich eines Tages wieder begegnen werde, zu Füßen der Zauberceiba.

Jakob Strobel y Serra
Santiago de Cuba hat alle Zeit der Welt

Hoch über dem Herzen der Stadt, auf der Dachterrasse des Hotels Casa Granda am Parque Céspedes, zeigt sich Santiago de Cuba ungeschminkt und aufschlussreich: Die zweite Stadt der Karibikinsel, der stolze Antipode zum übermächtigen Havanna, breitet dort ihre unruhige Geschichte aus und den patinierten Charme vergangener Glanzzeiten, das protzige Pathos der Revolution Fidel Castros und die Erstarrung des Systems, das unter subtropischer Sonne zur Agonie zu gerinnen scheint.

Oben werden unter blütenweißen Sonnenschirmen Drinks gegen Dollars serviert, unten auf dem parkähnlichen Platz treffen sich im Schatten duldsamer Bäume die Santiagueros; die Alten zum gemeinsamen Totschlagen der unendlich großzügig bemessenen Zeit, die Jungen zur Jagd auf die Devisen der Touristen und diese selbst als befremdlich gehetzt wirkende Besucher für Sekunden zur Besichtigung des Standardprogramms. Auch in der Kulisse treffen sich Extreme: An den Stirnseiten des Parque Céspedes erheben sich die Kathedrale und das Rathaus, neoklassizistische Prachtbauten. Eine Seite säumt eine nicht weniger prunkvolle Häuserzeile gleichen Stils unter anderem mit dem Hotel Casa Granda. Gegenüber liegen die ehemalige Gouverneursresidenz Casa Velázquez und – als hätten die Castristen trotzig kolonialer und kapitalistischer Bausubstanz nicht das gesamte Feld überlassen wollen – die örtliche Zentrale der kubanischen Nationalbank, ein Klotz aus grauem Beton und blindem Glas im Stil der zwischen Pjöngjang und Potsdam überall gleichermaßen schaurigen sozialistischen Einheitsarchitektur.

Eine Reihe weiterer Trutzburgen revolutionären Selbstbewusstseins und sowjetischer Bruderhilfe überragt monolithisch die ansonsten weitgehend homogene Altstadt mit ihren bestenfalls zweistöckigen Kolonialbauten und den Stadtpalästen der Zuckerrohr- und Tabakbarone. Die alten Gebäude mit ihren rötlich schimmernden Ziegeldächern teilen sich heute die Silhouette mit dem postmodernen Wolkenkratzer des Hotels Santiago, einer monströsen Raffinerie im Hafen, die die tiefe, durch einen Flaschenhals beschützte Bucht verdunkelt, und den Wohnsilos an den Hängen der Hügel ringsum. Auf dem Dach der größten dieser spöttisch „Arbeiterschließfächer" genannten Baracken thront in riesigen Lettern der Name des lokalen Revolutionshelden Frank País, der omnipräsent und ein wenig bedrohlich auf die Santiagueros hinunterschaut und sogar die Ausläufer der Sierra Maestra, die wie ein Wall Santiago umfangen, unbedeutend erscheinen lässt. Und auf den Gipfeln der Sierra, in der Castro vor vierzig Jahren seine Guerilleros gegen den Despoten Batista sammelte, sorgt eine Kette mächtiger Antennen dafür, dass die Propaganda des exilkubanischen Senders „Radio Martí" aus Miami nicht die Stille in Santiago stört.

Das scheint zu funktionieren. Im Parque Céspedes herrscht eine Ruhe, die über das Maß hinausgeht, das die drückenden Temperaturen als Lebensrhythmus vorschreiben. Man sitzt auf den Steinbänken und lässt die Zeit an sich vorbeifließen, redet wenig miteinander, begrüßt sich nur flüchtig, liest kaum, lacht leise, raucht selten Zigarren, döst und wartet worauf auch immer. Meistens ist es das Auftauchen von Touristen, das für Bewegung sorgt. Taxichauffeure – einige lässig gegen ihre automobilen Museumsstücke aus den zwanziger Jahren gelehnt – bieten dann ihre Dienste an, Buben und junge Männer gehen dem vergleichsweise ertragsschwachen Geschäft nach, gefälschte Zigarren, gepanschten Rum oder Münzen mit dem Konterfei Che Guevaras feilzubieten, während junge Frauen das weitaus einträglicher mit ihrem Körper tun – und damit einen erschreckenden Erfolg bei Menschen haben, die nicht begreifen, dass Devisenbesitz nicht nur Kaufkraft, sondern auch Verantwortung bedeutet.

Vergleichsweise freundlich und unaufdringlich geschieht bisher noch die Annäherung der Kubaner an Touristen. Abschlägige Antworten werden akzeptiert, hartnäckige Überzeugungsarbeit wird kaum geleistet, stattdessen gerne die Gelegenheit zu einem Plausch mit den fremdländischen Besuchern genutzt. Aus geschäftlicher Straßenkommunikation wird leicht eine Unterhaltung im Gehen, die auf Neugier und Unbekümmertheit wächst. Sind die blasshäutigen Dollarbesitzer in der touristischen Hauptattraktion, der Casa Velázquez, verschwunden, kehrt wieder Ruhe ein bis zur nächsten Busladung oder bis zur nächsten Vorstellung in der nahe gelegenen Casa de la Trova. Dann schlendert man in das liebevoll restaurierte Haus aus dem 18. Jahrhundert, um das zu tun, was jeder in der Stadt am liebsten zu tun scheint, soweit sich die Gelegenheit ergibt: den lokalen Musikgrößen zu applaudieren und im Rhythmus der Salsa und des Son zu wippen.

Die Schläge der Congas und Akkorde der Trompeten, die überall in der Stadt immer wieder unvermittelt wie Freudenfeuer der Lebenslust aufflackern, dringen nicht durch die armdicken Mauern des Hauses von Diego Velázquez, des ersten Gouverneurs der Insel. 1522 ließ er seine Residenz, heute das älteste erhaltene Gebäude Kubas, im andalusischen Morisco-Stil errichten. Teile der kassettierten Holzdecken, Alla-Prima-Wandmalereien und kunstvoll gesetzten Böden sind noch original erhalten, anderes, wie die detailverliebt geschnitzten Fensterläden, wurde in nachfolgenden Jahrhunderten ersetzt und bietet immer noch ein filigranes Lichtspiel, wenn sich bei Sonnenuntergang die Strahlen in ihnen brechen und geometrische Figuren auf die rötlichen Tonböden werfen. Zumindest in der Architektur wollte Velázquez seiner spanischen Heimat nahe sein, als er auf die im Oktober 1492 von Kolumbus für die kastilisch-aragonesische Krone entdeckte Insel kam. Velázquez gründete 1514 Santiago und machte es zehn Jahre später anstelle von Baracoa im äußersten Osten der Insel zur Hauptstadt Kubas. Allerdings fiel diese Funktion schon 1549 an Havanna. Die Stadt prosperierte dennoch, vor allem dank der Ausbeutung der nahe gelegenen Kupfermine „El Cobre", wurde zum Zentrum des Sklavenhandels und ein beliebtes Ziel marodierender Piraten.

Santiagos damalige Dynamik zeigte wenig Respekt vor den spanischen Bauten der ersten kolonialen Epoche. Aus dieser Zeit ist neben dem Haus des Gouverneurs nur das Castillo del Morro erhalten, das über dem Flaschenhals der steilen Einfahrt zur Bucht thront, abschreckend für Eindringlinge, beruhigend für die Santiagueros und dank der Topographie weitaus imposanter als die vier Festungsanlagen Havannas. Während sich in der Hauptstadt die Forts in der flachen Hafeneinfahrt verlieren, beherrscht El Morro, tollkühn an die Felsen geklebt, den Zugang zur Stadt wie ein grimmiges, schlafendes Ungeheuer aus Stein. Die imposante Anlage mit ihren Erkern, Zinnen, Waffendepots, Munitionslagern und der kleinen Kapelle lässt verstehen, warum es kaum einmal Aggressoren gelungen ist, Santiago zu plündern. Bedrohlich wirken heute nur noch die Flugzeuge, die Sekunden vor der Landung auf dem Flughafen der Stadt die Festung überfliegen.

Die Maschinen taugen allerdings kaum, um die Fantasie zu beflügeln. Und auch Schiffe, denen das eher zuzutrauen wäre, sieht man auf dem Meer kaum. Das ist verwaist, kein reges Treiben herrscht zwischen Bucht und offener See, der Hafen riecht eher nach Öl als nach Fisch. Die Kubaner sind, auch wenn die Regierung das wegen der latenten Fluchtgefahr sicherlich mit geteilter

Freude sieht, kein Volk der Fischer, sondern bekennende Fischverächter. Das sei etwas für Kinder und Alte, heißt es oft. Und der Versuch Fidel Castros, durch das öffentliche Verspeisen eines Fisches im staatlichen Fernsehen unter Anpreisung der Vorzüge dieser Ernährungsweise seinen Landsleuten das Meeresgetier schmackhaft zu machen, ist kläglich gescheitert. Da sind die Kubaner so stolz wie starrköpfig.

Als die stolzesten Kubaner gelten die 350 000 Santiagueros. „Stadt der Helden" nennt man Santiago in Kuba, in Erinnerung an die vielen Freiheitskämpfer, allen voran an den Mulatten Antonio Maceo, der den Befreiungskampf gegen die Spanier im letzten Drittel des vergangenen Jahrhunderts anführte. Die Santiagueros, noch schwärzer als die übrigen Inselbewohner, noch selbstbewusster und würdevoller, reklamieren für sich, die geistige, kulturelle und politische Brutstätte des Landes zu sein. Alle bedeutenden Bewegungen, so sagen sie, hätten hier ihren Anfang genommen. Selbst der charakteristischste Musikstil der Insel, der „Son Cubano", ist hier entstanden.

Dieser Stolz auf die eigene Stadt hat Santiago zumindest in einer Hinsicht gut getan: Sie ist – als die Mittel dazu noch vorhanden waren und soweit es die Umstände erlaubten – in Schuss gehalten worden. Die Fassaden wurden gestrichen, die Häuser renoviert, die Parks gepflegt, die Blumen gegossen, der Stuck gereinigt, die Steinböden poliert. Patina breitet sich zwar aus, aber noch kein Verfall wie in der Hauptstadt, in der die Vernachlässigung der alten Bausubstanz zum politischen Programm wurde. Die Revolution sollte Straßen bauen und Stromleitungen und nicht die Häuser der Klassenfeinde instand halten, schon gar nicht in ihrem politischen Zentrum. So ist Havanna heute in einem desolaten Zustand, Santiago hingegen strahlt an vielen Stellen heller als die meisten anderen kubanischen Städte.

Die Farben Santiagos zeigen einen deutlichen Hang zum Pastell. Kein Grün, das nicht mit Türkis kokettierte, kein Blau ohne augenzwinkernde Korrespondenz mit dem Himmel, kein Rot ohne einen Stich Rosa und kein Gelb ohne Zitrone. Die Farben sind nicht die satten, erdigen Töne Andalusiens wie im Westen und Zentrum Kubas, sondern die sanfteren Varianten, die man in der frankophonen Karibik findet und die französische Exilanten Ende des 18. Jahrhunderts mitbrachten. Etwa 30 000 Menschen, darunter viele Pflanzer, flohen damals vor den Sklavenaufständen in Haiti, fanden im Osten Kubas eine neue Heimat und modernisierten dort mit ihren Kenntnissen die Methoden des Tabak-, Kaffee- und Zuckerrohranbaus. Die Erträge wuchsen beträchtlich, und da durch die Vernichtung der haitianischen Plantagen während der Revolution der lästige Hauptkonkurrent weggefallen war, erlebte Santiago eine zweite wirtschaftliche Blüte.

Die luxuriösen Stadtpaläste der Zucker- und Tabakbarone geben heute eine Ahnung vom Überfluss, der damals geherrscht haben muss. Besonders wenig Wert auf Zurückhaltung und Bescheidenheit legte Emilio Bacardí, der sein Vermögen mit Rum gemacht hatte und ein dreistöckiges, neoklassizistisches Palais mit monumentalen Ausmaßen errichten ließ. Kurz nach der Unabhängigkeit von Spanien im Jahr 1898 richtete Bacardí, der im Nebenberuf zum Bürgermeister Santiagos avancierte, dort das erste Museum der Insel ein. Es zeigt vor allem persönliche Gegenstände aus dem Besitz der nach der Revolution enteigneten und nach Puerto Rico ausgewanderten Rum-Dynastie – die Marke heißt jetzt in Kuba „Havana Club“. Zu sehen sind etwa die Leselupe einer Tante Emilios, dessen Jagdwerkzeug, diverse Waffen, Tischdekorationen und ähnliches; dazu gibt es Gemälde örtlicher Maler, archäologische Sammlerstücke aus Lateinamerika und Ägypten und andere exotische Reisesouvenirs der besseren Gesellschaft früherer Tage.

Weniger Pietät als mit dem Bacardí-Palais zeigen die Santiagueros bei anderen neoklassizistischen Bauten. In manchen sind muffige Geschäfte untergebracht, die sich vor allem durch ihre sehr langen und sehr leeren Theken auszeichnen, wobei allerdings einige Regale prall gefüllt sind mit den Produkten eines offensichtlich übereifrigen Kombinats; so durchlebt offenbar der Hersteller von quietschbunten Stoffpuppen eine fruchtbare Schaffensphase. Andere Gebäude werden für eine kubanische Eigenart des Kinos genutzt: Im Haus eines stadtbekannten Dichters der Jahrhundertwende etwa, ein zitronengelbes Schmuckstück mit Art-déco-Decke und gefliesten Wänden, hat ein japanisches Fernsehgerät in Übergröße Unterschlupf gefunden; davor stehen ein Dutzend Stuhlreihen, und darauf sitzen Kubaner, die sich amerikanische Videofilme zu Gemüt führen, in denen wenig gesprochen, viel gebrüllt und noch mehr geprügelt wird.

Die Vorstellungen sind auch nachmittags ausgezeichnet besucht, schließlich ist Zeit das einzige, das es in Kuba im Überfluss gibt. Eine schläfrige Siesta-Stimmung herrscht den ganzen Tag über, die Geschäftigkeit anderer lateinamerikanischer Städte sucht man vergebens; keiner muss um sein Überleben kämpfen, dafür sorgt schon die „libreta“, das Buch mit den Bezugsscheinen, und keiner scheint die Chance zu haben, seinem Leben eine eigene Geschwindigkeit zu geben. Man ist auf niedrigem Niveau versorgt. Armut gibt es, aber kaum Elend, keine Slums wie im übrigen Lateinamerika, wenige Bettler oder Menschen in Lumpen, und nicht den typischen Geruch von Misere: von Urin und Exkrementen, Abfall und Kadavern, wochenlang ungewaschenen Leibern und eiternden, schwärenden Wunden. Man hat sich eine Würde bewahrt, die es in der Armut geben kann, niemals aber im Elend. Man existiert, duldsam und ohne nennenswerte Aufregung.

Auf der Plaza de Marte, dem alten, von kolonialen Häuserzeilen eingerahmten Waffen- und Exekutionsplatz, auf dem kaum ein Tourist auftaucht, ist man deswegen für jede Abwechslung dankbar. Um ein paar

Männer, die mitten auf dem Platz Domino spielen, schart sich sofort eine Menschentraube, die jeden Spielzug lautstark kommentiert. Das Verrücken der Steine ist allerdings schon die bedeutendste Bewegung, ansonsten herrscht ein Stillstand, der sich wie eine Glocke der Lethargie über Santiago stülpt. Seit mit dem Ausbleiben der Erdöllieferungen aus Russland der öffentliche Verkehr weitgehend zusammengebrochen ist, harren die Kubaner aus, sitzen auf den Bänken ihrer Plätze und warten schweigend, lesen in den dünnen Parteizeitungen von den enormen Fortschritten bei der Zuckerernte und anderen Errungenschaften der Revolution, schauen den Eselskarren oder klapprigen Lastwagen nach, die Busse und Autos ersetzt haben, und warten auf den nächsten Tag und den nächsten.

Die offizielle Darstellung der revolutionären Heldentaten im Museum der Moncada-Kaserne bleibt von alldem unberührt. In der Kaserne, mit deren gescheiterter Erstürmung 1953 die castristische Revolution begann, wird mit einem unerschütterlichen, allerdings ziemlich selektiven Geschichtsverständnis der Werdegang Kubas als ein einziger, jahrhundertelanger Freiheitskampf dargestellt. Alles begann demnach kurz nach der Ankunft der Spanier mit der Rebellion eines Indianerhäuptlings namens Hatuey, dann kam lange nichts, dann gab es ein paar Sklavenaufstände, schließlich regte sich der Unabhängigkeitswille, der in zwei Kriegen und der Loslösung von Spanien gipfelte.

Ehrfurchtsvoll wird der Nationalhelden José Martí, Antonio Maceo oder Carlos Manuel de Céspedes, dem „Vater des Vaterlandes", gedacht – in einem hemmungslosen Patriotismus, der ein wenig skurril angesichts der internationalistischen Prägung des Sozialismus wirkt. Die Freiheitskämpfer des 19. Jahrhunderts sind trotzdem über jeden Zweifel erhaben und in jeder kubanischen Siedlung mit Denkmälern und Straßennamen allgegenwärtig; da das patriotische Personal kaum eine Handvoll Figuren umfasst, herrscht freilich in der Namensgebung eine gewisse Monotonie.

Das Moncada-Museum erzählt auch von Castros Taten, von seinem genauso gewagten wie dilettantischen Sturm auf die Kaserne, von seinem Exil in Mexiko, der heimlichen Landung in Kuba im Jahr 1956, dem Kampf in der Sierra Maestra zusammen mit seinem Bruder Raúl und Che Guevara, dem Triumph 1959 und der Vertreibung des blutrünstigen Batista. Impetus und Pathos sind dabei wichtiger als Qualität und Aussagekraft der Exponate; Che Guevaras Gürtelschnalle und Fidel Castros Rucksack stehen neben verrosteten Gewehren, kaum mehr lesbare Zeitungsausschnitte hängen neben vergilbten Parteiausweisen. Diese Details sind zumindest authentischer als die Einschusslöcher an der Fassade der Kaserne; die Wände wurden nach dem gescheiterten Überfall renoviert und nach 1959 wiederum zu Rekonstruktionszwecken zerschossen.

Krönender Abschluss ist ein Modell der amerikanischen Yacht „Granma", die die Revolutionäre von Mexiko nach Kuba brachte und deren Name – symbolisch, ideologisch und idiomatisch denkbar ungeeignet zur Verherrlichung der Revolution – heute eine Provinz, das Zentralorgan der kommunistischen Partei und unzählige öffentliche Einrichtungen schmückt.

Was im Museum mit rührender Liebenswürdigkeit und glaubhaftem Enthusiasmus drapiert wurde, wächst sich auf der Plaza de la Revolución etwas abseits des Zentrums zu grotesken Dimensionen aus: Antonio Maceo, so groß wie ein Einfamilienhaus, thront da in Bronze gegossen auf einem Pferd, flankiert von gigantischen Pfählen, die Buschmesser symbolisieren sollen, und blickt auf einen Platz, der der Größe des Rollfeldes auf einem internationalen Flughafen entspricht. Vermutlich sollte Monumentalität geschaffen werden, entstanden ist Monstrosität, die allerdings eher belustigt als stört, weil Santiago de Cuba sonst seinen Sinn für Proportionen bewahrt hat.

Zoé Valdés
Café Cuba

Enma und Randy hatten klare Vorstellungen von ihrer Zukunft. Randy wünschte sich innigst, Schauspieler in Hollywood zu werden, Enma würde jede Arbeit tun, Hauptsache, im Ausland. Sie war immer die umtriebigste, von ihr ging die Initiative zum Wändestreichen aus, damit wir uns fünf Pesos am Tag verdienten, und auch die Fabrikation von Schuhen mit Sohlen aus Holz war ihre Idee. Sohlen und Absätze stellte ihr Vater her, ein exzellenter Möbeltischler, der keine Möglichkeit mehr hatte, seinem Beruf nachzugehen; in der Stunde des Sieges hatte man seine Werkstatt beschlagnahmt. Wir Mädchen widmeten uns der Aufgabe, Riemen aus Leder, Plastik oder dickem Stoff aufzutreiben, wobei wir den Stoff dann färbten; es sollten superschicke Plateauschuhe werden. Immer wieder fehlte uns das Material, die Schuhnägel zum Befestigen des Leders, der Stoff oder die Plastikriemen, um aus den ungefügen Holzstücken Schuhe zu zaubern. Bei uns zu Hause auf dem Klo sitzend, stach mir die Bettdecke meiner Eltern ins Auge. Sie war ziemlich groß und dick und purpurrot, für Plateauschuhe einfach spitzenmäßig. Mit äußerster Behutsamkeit trennte ich den Saum auf und schnitt kurzerhand ein Stück aus der Decke heraus, dann faltete ich fix den Übersaum auseinander und steppte ihn ab, damit man keinen Unterschied sah. Als meine Eltern nach Hause kamen, bemerkten sie nicht, was ich da angestellt hatte. Als sie schon schlafen gingen, putzte ich mir noch die Zähne, mit

Bikarbonat statt mit Perla, weil es Zahnpasta wieder nicht gab, da hörte ich plötzlich ein Aufkreischen aus mütterlicher Brust und Kehle. Sie tauchte vor mir auf, eingewickelt in die Decke als eine Art Oma-Nachthemd; der Faden von dem Saum reichte ihr bis ans Knie. Als ich das so sah, dachte ich bei mir, dass mir Hand und Schere doch ganz schön ausgerutscht waren. Auf ihren inquisitorisch fragenden Blick fragte ich lammfromm zurück, was denn bitte sehr ich damit zu tun haben solle, ich verstünde gar nicht, was sie überhaupt meine, soweit ich das sähe, sei die Decke von allein eingelaufen, diese sowjetische Wolle sei wie Knochenkrebs, sie würde nach und nach zerfallen.

Wir verkauften 16 Paar rote Plateauschuhe zu 30 Pesos das Stück. Nach einer Woche marschierte unsere Kundschaft in der Wohnung von Enmas Großmutter auf, um die Schuhe zurückzugeben. Zuerst blieben die aus Lkw-Reifen gefertigten Gummiplättchen unter den Absätzen auf dem Asphalt kleben, sodass die Leute die Schuhe verloren. Eine Dame verlor sogar das Leben, weil ihr bei dem Versuch, ihren Schuh aus dem Asphalt herauszuziehen, von einem 27er Bus der Schädel platt gewalzt wurde. Außerdem hielten die mangels Schuhnägeln verwendeten Heftklammern aus den Schulheften nicht, sie sprangen wie Sektkorken heraus und flogen unseren Kundinnen um ein Haar ins Auge; nur weil sie einen Schritt getan hatten, riskierten sie ihr Augenlicht. Am schlimmsten waren schließlich die offenen Wunden an den Füßen, die sie uns zeigten. Das Material der Riemen war hundsmiserabel, darunter staute sich eine Hitze zum Steinerweichen, die Haut schlug beim Schwitzen Blasen und wurde beim Schuhausziehen vom Fleisch gerissen. Zu guter Letzt kam auch noch meine Mutter angerannt, im Gesicht violett vor Zorn wie das Tuch der heiligen Flora in der Kirche La Merced; sie hatte Fragmente ihrer Decke (klingt wie der Titel eines Gedichtbandes), sie hatte also Stücke davon an den dreckigen Quanten der fettärschigen Schwarzen entdeckt, die bei ihr arbeitete. Bevor sie ihre Kollegin fragte, woher sie die schicken Schuhe habe, nahm sie den dicken Plüsch der Oberriemen näher in Augenschein. Dann wollte sie es ganz genau wissen, wer denn ihrer Kollegin so etwas Exquisites verkauft hatte, und als sie Name und Hausnummer der Herstellerin und Lieferantin hörte, blieb ihr nicht mehr der geringste Zweifel.

„Verdammtes Miststück, da warst du es also, die mir die Bettdecke zerschnippelt hat! Um daraus Schuhe zu basteln und sie zu verkaufen! Businessmacherin!"

Sie wollte mir fast den Kopf abreißen, beruhigte sich dann aber, nachdem ihr Enma einen Packen Geld auf den Tisch knallte, zweihundert Pesos, die sie bei anderen Geschäften verdient hatte, beim Verkauf von mit Wasserstoffperoxyd und aufgelöster Waschseife gestrecktem Apfelshampoo zum Beispiel, das sich durch Hinzufügen von ein paar Tropfen rotem Aseptyl oder Methylenblau wie durch Zauberhand in ein Tönungsshampoo verwandelte. Mit diesem Geld würde sich meine Mutter zwei neue Decken kaufen können, und es bliebe immer noch was für irgendwelchen Schnickschnack übrig.

„Das Schlimme ist, ich weiß nicht, ob ich sie wieder in demselben Scharlachton kriege wie die alte. Dieses leuchtende Tiefrot war wirklich supertoll!" Und sie seufzte, schon etwas besänftigter.

Randy war damit beschäftigt, Stepptanz zu lernen, um wie Gene Kelly in *Singing in the Rain* tanzen zu können, während Enma und ich weiter elementare Dinge verhökerten, die auf dem normalen (unnormalen) Markt nicht zu haben waren. Einmal gingen wir über Mittag zu ihr nach Hause, nachdem wir in der Schule eine Politveranstaltung abgesessen hatten. Wir trotteten die Calle Trocadero hinauf, Richtung Galiano, als uns ein ganz junges Kätzchen vor die Füße lief. Enma gab ihm einen Tritt, und es flog zwei Meter durch die Luft. Das Katzentier landete natürlich auf den Pfoten und konnte mit seinen sieben Leben protzen. Einen Moment später schon schämten wir uns für diesen Gewaltausbruch, sie, weil sie sich dazu hatte hinreißen lassen, ich, weil ich nichts dazu gesagt hatte. Obwohl Enma Tiere wirklich nicht leiden konnte, schon gar keine Katzen. Sie sagte mir, sie sei es satt, immer nur zu lernen und dem Leben als Bettlerin hinterherzulaufen, und sie wolle keinen mehr sehen, außer mich und ihren Bruder.

„Hast du nie daran gedacht fortzugehen?“, fragte sie mich unvermittelt.

„Nein, ich gehe niemals von hier weg. Ich könnte nicht woanders leben“, antwortete ich, felsenfest davon überzeugt, was ich sagte.

„Und woher weiß du, wie es ist, woanders zu leben, wenn du nie über Guanabacoa hinausgekommen bist? Wenn du nicht mal jemanden kennst, der dir erzählen könnte, wie es ist, fern von dieser Hölle zu leben?“, fragte sie und gab sich damit gleich selbst die Antwort.

„Trotz allem, Enma, ich glaube, dass wir hierhergehören. Besser, wir versuchen, dies hier umzukrempeln, als etwas zu ändern, das nicht unser ist. Ich glaube an das hier, es ist meine Erde, mein Himmel, mein Meer. Meine Eltern sind hier. Auch meine Freunde. An das alles glaube ich. Ich weiß, das ist Gefühlsduselei, aber so bin ich eben.“ Ich sagte diese Worte mit allem Glauben, zu dem ein menschliches Wesen in der Vorhölle fähig ist.

„Was bitteschön gehört dir denn hier? Was ist hier wirklich deins? Woher kommt bloß diese Manie der Leute hier alle zu glauben, sie wären Eigentümer dieser Insel! Ich will gar nicht, dass mir irgendein Land gehört. Ich will nur, dass mir gehört, was ich mir im Schweiße meines Angesichts erarbeite.“ Ihre Nasenflügel bebten, ihre Brust hob und senkte sich, sie fing an, sich wütend am Kopf zu kratzen. „Ich habe so starkes Ohrensausen“, sagte sie kaum hörbar.

Ich wusste zwar vom Asthma, an dem sie litt, aber nicht vom Bluthochdruck, und genau darauf schienen mir ihre Symptome hinzuweisen. Es war wie bei meiner Tante, der Schwester meines Vaters; wenn die eine Bluthochdruckkrise bekam, sah sie auch immer aus wie ein aufgeschäumter Fleischklops. Ich brachte Enma zur nächsten Poliklinik, und der Arzt staunte nicht weniger als wir, als er bei einer 15-Jährigen einen Blutdruck von 120 zu 180 feststellte. Sie bekam die nötigen Medikamente, und man empfahl ihr, zur Hypertoniesprechstunde in ihrem Stadtteil zu gehen, sie brauche mit Sicherheit eine ernsthafte Behandlung.

„Die einzige wirksame Behandlung wäre, wenn ich so schnell wie möglich abhauen könnte", zischte sie leise zwischen den Zähnen.

Ich lächelte schwach, stellte mich dumm und tat so, als hätte ich es für einen Witz gehalten, dabei wusste ich, dass Enma mich zur Zeugin ihrer fixen Idee gemacht hatte: fortzugehen. Ich glaubte erst, es wäre der verständliche, vorübergehende Wunsch, sich für die Leiden ihres Vaters zu rächen, dafür, dass er enteignet worden war und sein Geschäft verloren hatte. Aber nein, Enma war stets klarer als das Wasser. Fortzugehen war eine mögliche Alternative. An jenem Tag aber, nachdem wir uns vom Doktor verabschiedet hatten, Enma wiederhergestellt und ich weniger in Sorge war, gingen wir zum Prado und setzten uns unter die Bäume, unsere „verlorenen Bäume"; tatsächlich hatten wir auf diesen Bänken Rafael Alberti gelesen.

„Stell dir mal vor", kam ich ins Sinnen, „hier flanierten im vorigen Jahrhundert die Leute entlang, mit Spitzenkragen und dem weißen Kittel der Kreolinnen gekleidet, unter Sonnenschirmen mit Goldstickereien und falschen Perlen. Von diesen Bänken aus konntest du den Kaleschen auf dem Weg zur Cortina de Valdés nachschauen, als die Mauer des Malecón sich noch nicht dem Meer in die Quere gestellt hatte."

„Ich weiß nicht, wo mein Platz sein wird in der Welt, Marcela. Aber hier ist er bestimmt nicht. Mit dieser Fäulnis habe ich nichts zu tun. Ich glaube an die Besserung des Menschengeschlechts und alles, was du willst, aber irgendwie sagt mir meine Nase schon eine ganze Weile, dass es hier stinkt."

Ich zog alle Register, um sie vom Gegenteil zu überzeugen. Man darf die Dinge nicht so einseitig sehen, redete ich auf sie ein. Nicht alles ist schlecht. Nicht alles ist gut. Man muss die Dinge verstehen, schoss ich zurück. Enma stand auf, nahm mich bei der Hand und bettelte fast, ich solle ihr die geheimsten Winkel von Habana Vieja zeigen. Obwohl selber in Centro Habana aufgewachsen, faszinierten sie die *solares*, die alten Mietshäuser, die in ihren Innenhöfen auf Lattenkisten getrommelte Rumba oder den Wechselgesang der *guaguancó* zum Klang der Benzinkanister ausschwitzten. Wir nahmen den Weg am Kino Payret vorbei, überquerten die Fabela und gelangten auf der Calle Teniente Rey ins Herz der Altstadt. Vor der Iglesia del Ángel, im Parque del Cristo, blieben wir stehen. Wir schauten zum Balkon hinauf, der um die Ecke herumgeht.

„Ismael schreibt bestimmt wieder philosophische Gedichte", bemerkte Enma.

„Das glaubst du. Ismael hat sich vermutlich wieder einen Wasserschlauch in den Hintern gesteckt, guckt sich ein Pornomagazin an, das er in eine *Juventud Rebelde* eingeschlagen hat, und holt sich einen runter", lästerte ich.

„Du glaubst, Ismael ist andersrum? Wo er mir doch sogar eine Liebeserklärung gemacht hat!" In diesem Punkt war Enma immer ganz die Unschuld vom Lande.

„Liebeserklärungen dienen den selbstunterdrückten Homos nur zur Tarnung. Lesen wird Ismael. Das ist das Einzige, was er geil findet, und recht hat er. Was das Übrige angeht, da fehlt ihm einfach der Arsch in der Hose, sich selbst einzugestehen, was er will."

Ismael war der Musterschüler in unserer Klasse, er brannte sowohl für Mathematik als auch für Literatur. Wobei ihm letztere noch wichtiger war. Er schwärmte für José Ingenieros, *El hombre mediocre* kannte er in- und auswendig und zitierte daraus, als wäre es ein Leitfaden, um schnurstracks und ohne Aufenthalt in eine bessere Zukunft zu schreiten. Mehr noch liebte er nur José Martí, und später dann Enma, zumindest tat er so, aber nur, bis er sich selbst nicht wiedererkannte. Das heißt, bis er wie ein Pfau in den Arkaden des Hotels Plaza herumstolzierte, einem Schwulentreffpunkt. Unsere Generation ist die der Frauen ohne Männer. Jedes Mal, wenn uns einer gefällt, ist es ein Schnapper. Und wenn ich das sage, meine ich es nicht böse, ich finde es witzig, dass die Schwulen in unserer Umgangssprache nach so delikaten Speisefischen genannt werden. Und da die Sägebarsche ebenfalls Leckerbissen sind, heißen diese Schnapper auch Sägebarsche. Sie sind wirkliche Edelfische, verständnisvoll wie sonst kaum wer, unglaublich zartfühlend, von seltener Intelligenz und funkensprühender Fixheit. Uns bleiben nur zwei Möglichkeiten. Entweder wir leben mit einem Sägebarsch zusammen, lassen aber die Finger von ihm, bloß dass das Leben dann Fassade und also Täuschung wird. Im Augenblick der Wahrheit jeder auf eigene Rechnung, und getrennte Kassen beim Sex. Oder wir lieben uns von Frau zu Frau, und wenn wir ein Kind haben wollen, suchen wir uns einen Samenspender. Ausnahmefälle, die das Gegenteil beweisen (wie sollte es anders sein), Ehen mit einer Top-Effizienz also, die gibt es auch, sie machen aber, gemessen am wachsenden Bedarf, nur einen verschwindend geringen Prozentsatz aus. Sie sind die Ausnahmen, die die Regel des Anomalen bestätigen. Bei Scheidungen hält jene Insel den Rekord.

„Ismael hat hier auch keine Zukunft", erwiderte Enma.

„Soviel ich sehe, hat hier deiner Meinung nach überhaupt keiner eine Zukunft." Ich war schon ein bisschen zickig, denn ich konnte mich nicht mit dem Gedanken anfreunden, dass ich auf alle und alles verzichten sollte. Wie viel aber würde ich später tatsächlich verlieren! Hinzu kam der Umstand, dass ich von meiner Schwester Hilda getrennt war. Der zwischen ihr und mir durch die Trennung erwachsene Groll, der Wettstreit zwischen uns um die Liebe unserer Eltern – das alles zerriss mir das Herz.

„Lass uns von was anderem reden. Komm, wir schauen uns an, was wir von dieser Stadt immer noch lieben können. Zeig du es mir, du Räuberbraut bist sowieso ein halber Junge."

Und sie lächelte, als würde sie niemals fortgehen, mich niemals verlassen. Wer wäre damals auch auf die Idee gekommen, dass ich es sein würde, die als Erste die Segel strich? Denn obwohl Enma auf Biegen und Brechen um ein Ticket kämpfte, für das sie keinen Rückflug plante, schaffte sie es erst fünf Jahre, nachdem ich gegangen war. Unser Abschied in der Tränenhalle des Flughafens war brutal, wir ahnten aber, dass wir uns unter einem anderen, sicherlich weniger strahlenden Himmel wiedersehen würden.

Zum damaligen Zeitpunkt jedoch bat sie mich, sie durch den historischen Stadtkern zu führen, und ich tat es gern, weil ich stolz war auf meine Ruinen; nicht einmal der Stadthistoriker hätte es mit meiner Sammlung von Steinen und zerbrochenen Kacheln aufnehmen können. Ich durchstreifte mit Enma die ganze Teniente Rey bis zum Parque Habana, vorbei an der original erhaltenen Apotheke Sarrá, außer der es noch die beiden in der Calle Obispo gibt, Johnson und Taquechel, oder was davon übrig ist. Ich zeigte ihr die Druckerei, wo ich als Kind gespielt hatte, die Grundschule, wo ich eingeschult wurde, das Haus Muralla Nr. 67, wo ich mit einem Freund zusammen ein totes Baby gefunden hatte, und das Hotel Cueto, eine Perle der Jugendstilarchitektur von Havanna. Dann gingen wir die Inquisidor hinunter, wie wenn man auf die andere Seite der Bucht hinüberwill, zu den Elevados. An der Ecke Inquisidor, Santa Clara erzählte ich ihr von einer guten Freundin, Tamara, einer Mulattin, die Sara Montiel imitieren konnte. Der größte Traum ihres Lebens war, sich für eine Nacht in den Star zu verwandeln und Tony Curtis zu heiraten. Ich konnte diese Fantasien nicht nachvollziehen, sie war aber meine Freundin, und ich tat ihr den Gefallen und hörte mir das gesamte Repertoire von Carmen la de Ronda an, aus der die Spötter Carmen la Redonda machten, Carmen die Kugelrunde. Wir liefen bis zu den Ruinen des Hauses, in dem der Baron Alexander von Humboldt Quartier genommen hatte, zogen uns auf der Inquisidor zurück, erreichten die Arkaden und purzelten die San Ignacio hinunter. Unter der Last von Maschendrahtumzäunungen, Abstützbalken und Dreck krachten die Häuser meiner Kindheit zusammen, es waren der Hass und die Feuchtigkeit, die sie zum Einsturz brachten. Wir bogen rechts in die Calle Acosta ein und gingen die Calle Cuba weiter bis zu dem kleinen alten Platz vor der Espíritu-Santo-Kirche, traten aber nicht über ihre Schwelle. Ich zeigte Enma, wo mich meine Eltern hingebracht hatten, als ich als kleines Mädchen eine Mandelentzündung hatte und eine Penicillinspritze bekommen musste, Calle Cuba zwischen Jesús María und Merced. Wir setzten uns auf die Eingangstreppe zum Haus meiner Tante väterlicherseits, vor uns eine andere Kirche, die Iglesia de la Merced. Ich brauchte nur einen Moment innezuhalten, um den Füßen Erholung zu gönnen, denn die Strecke ist weit, schon rächte sich die schwarze Katze der Melancholie an meiner Rachenhöhle: Bei so viel staubiger Traurigkeit sammelte sich bei mir zwischen Nase und Rachen der Eiter. Ich sah mich als kleines Kind bei der Taufe meiner Cousine Asela, ich war zweieinhalb, es muss die früheste Erinnerung sein, die ich habe. (...)

Einmal saß ich mit Enma und ihrem Bruder Randy auf der Malecónmauer, und wir stopften zuckersüße Mangos in uns hinein. Wir hatten sie bei der Katzenalten gekauft, einer völlig verwahrlosten Bettlerin, deren Beschäftigung darin bestand, die Katzenwelt von Centro Habana zu füttern. Sie lief immer mit zwei bis obenhin mit Essensresten gefüllten Stoffbeuteln herum, hinter ihr her ein Gefolge von übel riechenden, räudigen Katzenviechern. An jenem Nachmittag mussten wir Randy versprechen, dass wir in Verbindung blieben, egal, wohin es uns in der Zukunft einmal verschlagen würde. Mit jungmädelharter Verbissenheit verkündete ich, ich würde keine fremde Erde betreten, nicht für alles Silber von Potosí würde ich die Insel verlassen wollen.

„Potosí? Wo ist das denn?", fragte Randy.

„Hast du das noch nicht in der Schule bei Geografie und Geschichte Lateinamerikas gehabt?", schulmeisterte ich ihn, zwischen den Zähnen Mangofasern.

„Kann schon sein, interessiert mich aber nicht, und ich vergesse es wieder."

„Wie willst du mich da finden, wenn ich eines Tages nach Bolivien oder El Salvador gehen sollte?", gab ich ironisch zurück.

„Durch den Geschmack nach dir", zitierte er lachend den Text des Boleros und lutschte am zerzausten Mangokern. „Du musst den Geschmack nach Mango haben."

„Der Geschmack hinterlässt keine Spuren, mein Liebling", erinnerte ihn Enma. „Was du heute gegessen, hast du morgen ausgeschissen."

„Sieh an, sieh an, was für eine Dichterin in meinem Schwesterchen steckt!"

In diesem Moment kam ein Typ mit einer Polaroidkamera vorbei, der seine Fotos für fünf Pesos das Stück verkaufte. Wir baten ihn, drei Fotos von uns zu machen, wie wir da auf der Mauer des Malecón saßen, für jeden eins, damit wir nicht vergaßen, dass wir einmal jung und niedlich waren. So viel Fröhlichkeit in unseren Gesichtern verhieß Trennung. Das Lachen wird mit Tränen bezahlt. Enma war in Weiß gekleidet, sie trug ein Plisseeröckchen und eine bestickte Bluse; in der Hand hielt sie einen Bastkorb, der meiner Mutter gehörte und den ich ihr an diesem Tag geliehen hatte. Randy trug supereng anliegende dunkle Bluejeans, Poppies, die der importierte letzte Schrei des Kapitalismus waren, und ein braunes kurzärmeliges Hemd. Ich hatte einen Rock an, der geschnitten war wie der von Enma, aber aus Nylon und mit weiß-grünen Blümchenstreifen; die rote Leinenbluse sah zwar schon etwas verwaschen aus, war aber an den Ärmeln und am Halsausschnitt mit ein paar Spitzen besetzt, Geschenk einer Architektin aus Madrid, die sie im Corte Inglés gekauft hatte und die nach Kuba gekommen war, um wie eine Besessene nach den Wurzeln ihrer Familie zu suchen, sie durchstöberte die Insel von ihrem Westzipfel bis zum äußersten Osten. Ein Großvater der Spanierin war der Architekt, der das Centro Asturiano in Havanna entworfen hatte. Auf den Fotos von Enma, Randy und mir sind im Hintergrund das goldene Meer und ein sowjetischer Erdöltanker bei der Einfahrt in die Bucht zu sehen.

Trotz des moralischen Beistands dieser zwei guten Freunde gelang es mir nicht ganz, das verdrießliche Ende meiner Liebelei zu vergessen, von der eine verkohlte Leiche übriggeblieben war. Immer wieder bekam ich plötzliche Schübe von Angst, und erst mit der Zeit wurde der Pendelausschlag solcher Anwandlungen geringer und kürzer. Ich muss zugeben, ich nahm diese Geschichte als einen Wink des Schicksals, meiner Neigung zur Melancholie damit neue Nahrung zu geben. Allerdings erlebte ich die Melancholie nicht immer als wohliges Gefühl, sondern verfiel in tiefe Depressionen. Am schlimmsten war es, wenn ich alles noch einmal erlebte. Wie in einem höllischen Albtraum, der mir jede künftige Liebesbeziehung vergiftete. Sogar meine Beziehung zu Samuel, die doch alles Negativdenken in mir auszulöschen schien. Aber wer käme auf die Idee, dass Samuels Gegenwart die Vergangenheit aufwühlen und meine Gewissensqualen noch verstärken würde? Wenn mich die Erinnerung überfällt, pocht es endlose Tage lang schmerzhaft in meinen Schläfen. Ein anderer, weniger angstvoller Traum ist der, wenn der Vater mit dem Sohn im sonnendurchfluteten Park der Verliebten Baseball spielt, wobei ja der Park früher Park der Philosophen hieß; in einem Erzählungsband von Calvert Casey habe ich gelesen, dass dort sogar griechische Statuen standen. Jetzt denke ich an Luz y Caballero zurück, mit seiner mittelalterlichen Haarmähne und seiner steinernen Stupsnase, und auch an die Büsten von Félix Varela und José Antonio Saco, und mit Händen, die wie betäubt sind von der Erinnerung, streiche ich über den Teppich von zertretenem, verfaultem Laub. Der Junge rennt glücklich umher; dabei wendet er mir den Rücken zu. Ich möchte sein Gesicht sehen! Ich würde so gern mit der Zunge über sein Gesicht fahren, ich muss seinen Geschmack schmecken! Auch wenn der Geschmack wieder ausgeschieden wird.

Jakob Strobel y Serra

Der Klassenfeind als Revolutionsretter

Die neuen Helden der kubanischen Revolution tragen mit Vorliebe Badehosen oder Bikinis, liegen träge in der karibischen Sonne und trinken eisgekühlte „Mojitos". Sie bleiben nur ein, zwei Wochen im Land, lernen dabei selten mehr als Flughafen und Strandhotel kennen und ahnen in aller Regel nicht, dass sie eine politische Mission erfüllen. Fidel Castro weiß es besser: Nach seinen Worten haben die Touristen aller Länder in Kuba keine geringere Aufgabe, als „das Vaterland, die Revolution und den Sozialismus zu retten". Zu diesem Zweck müssen sie weder Guerilla-Taktiken trainieren noch Ernteeinsätze absolvieren. Sie müssen nur Geld ausgeben – so bequem wie derzeit konnte man in Kuba noch nie ein Che Guevara sein.

Die Parole der Partei heißt „Kampf um jeden Touristendollar", und das Volk folgt widerspruchslos. Etwas anderes bleibt ihm auch gar nicht übrig. In der Logik der kubanischen Staatsführung lässt die Hoffnungslosigkeit der ökonomischen Lage keinen anderen Weg zu, als das Land mit Haut und Haaren dem Tourismus auszuliefern. Mit den Devisen der Fremden will die allmächtige Partei das marode System vor dem endgültigen Scheitern bewahren und die Lebenslügen seiner subtropischen Planwirtschaft aufrechterhalten. Die Einnahmen sollen langfristig jene fünf Milliarden Dollar ersetzen, mit denen die kommunistischen Bruderstaaten früher die Insel Jahr für Jahr alimentierten.

Nach deren Zusammenbruch folgte in Kuba ein böses Erwachen: Das Bruttoinlandsprodukt sank seit 1989 um vierzig Prozent. Der Außenhandel kollabierte, weil zum einen die Hauptexportprodukte Zucker und Nickel plötzlich zu Weltmarktpreisen und nicht mehr zu ideologisch motivierten Freundschaftstarifen verkauft werden mussten, zum anderen keine Devisen für die Instandhaltung der Minen und Mühlen zur Verfügung standen. Gleichzeitig stiegen die Preise für die wichtigsten Importgüter, etwa Erdöl, von dem die gesamte Stromversorgung der Insel abhängig ist.

Selbst die Grundnahrungsmittel wurden knapp. Mitte der neunziger Jahre konnte eine Hungersnot nur abgewendet werden, weil Vietnam seinem alten Gesinnungsbruder Castro aus sentimentaler Solidarität hunderttausend Tonnen Reis zu Vorzugskonditionen lieferte. Schuld an der Misere sind nach der festen Überzeugung der Parteiführung nicht etwa die Fehler seines Systems, sondern die mangelnde Standhaftigkeit seiner früheren Bündnispartner, die vom rechten Weg abgekommen sind, um sich in die Klauen des Kapitalismus zu begeben. Die niederträchtigsten Bösewichte aber, die Hauptschuldigen an der Krise der kubanischen Wirtschaft, sitzen in Washington: Das von den Vereinigten Staaten 1962 verhängte Embargo – es verbot Amerikanern bis vor Kurzem auch, nach Kuba zu reisen – ist der zentrale Baustein im propagandistischen Panorama des Selbstbetrugs von Castros Regime.

Die Rettung soll nun ausgerechnet von jenen kommen, die wenig mit sozialistischen Idealen zu tun haben wollen und in besseren Zeiten als degenerierte Kapitalisten gebrandmarkt wurden. Diese Phase zwischen dem Sieg der Revolution im Jahr 1959 und dem Kollaps des Ostblocks wird jetzt euphemistisch mit den Worten umschrieben, damals habe der „Schwerpunkt auf dem nationalen Fremdenverkehr" gelegen, erst danach habe man die Segnungen des internationalen Tourismus „wiederentdeckt".

Die nun ins Herz geschlossenen Klassenfeinde bringen dreieinhalb Milliarden Dollar pro Jahr in die Staatskassen, dreieinhalb Mal so viel, wie durch den Export von Kobalt und Nickel, den wichtigsten Bodenschätzen, erlöst wird – diesem Argument kann sich auch der glühendste Revolutionär nicht verschließen. Und immerhin konnte der Fremdenverkehr als einziger Wirtschaftszweig in den vergangenen Jahren eine beachtliche Wachstumsrate verzeichnen. Damit geben sich die kubanischen Tourismusverantwortlichen freilich nicht zufrieden. In bester sozialistischer Manier werden Fünfjahrespläne geschmiedet und Vorgaben mit monströsen Ausmaßen erstellt, bis die Wirklichkeit die schöne Schimäre einer blühenden Zukunft zerstört.

Die Rhetorik der Marktwirtschaft beherrschen die Staatsökonomen inzwischen virtuos. Sie jonglieren mit Begriffen wie Produktverbesserung, Marketingoptimierung und Diversifizierung. Man dürfe sich nicht auf den klassischen Urlaubsort Varadero konzentrieren, der heute ein Drittel aller Betten auf sich vereinige, heißt es aus dem Finanzministerium; deswegen liege der Schwerpunkt der Entwicklung nun auf Stränden in den nordöstlichen Provinzen Ciego de Ávila, Camagüey und Holguín. Außerdem solle verstärkt das Potenzial des Nationalparks Baconao östlich von Santiago de Cuba und der bisher verschonten Inseln im Süden des Landes ausgeschöpft werden. Sonne und Strand blieben zwar weiterhin das wichtigste Standbein, gleichzeitig wolle man aber den Individual-, Kultur-, Gesundheits- und Ökotourismus fördern. Das Marketing und die Selbstdarstellung Kubas im Ausland bedürften einer Überarbeitung, den Menschen müsse klargemacht werden, dass es nirgendwo sonst in der Karibik eine derartige Vielfalt von Naturschönheiten und kulturellen Sehenswürdigkeiten gebe.

Selbstkritik an bisweilen zu niedrigen Standards in Hotels und Restaurants wird indes auch geübt, der Service, der vielerorts noch vom Charme der Planerfüllung beseelt ist, soll sich künftig an internationalen Gepflogenheiten orientieren. Auch beim Essen gelobt man Besserung, was zweifelsfrei dringend not tut. Oft ist die Qualität selbst in den besten Hotels ein Trauerspiel und das, was auf die Teller kommt, so geschmacklos wie der Sozialismus an sich. Aber man werde, so die Fremdenverkehrsmanager, alles unternehmen, um den Gästen in Zukunft einen möglichst angenehmen Aufenthalt zu ermöglichen. Und selbstredend will auch Kuba – wie jedes Land der Erde – einen „Qualitätstourismus", das heißt Gäste, die viel Geld ausgeben, wenig zerstören, an ihrem Reiseziel interessiert sind und ihm den gebotenen Respekt entgegenbringen.

Die touristische Welt Kubas, so wie sie vom Gros der in Gettos eingesperrten Urlauber erlebt wird, ist ein buntes, prachtvolles Universum, in dem immer die Sonne scheint und die Menschen glücklich sind, gleich ob sie „Mojitos" trinken oder servieren. Es ist ein Idealbild der sorgenfreien Zufriedenheit – und vollkommen austauschbar: Von Sozialismus oder Politik ist in keinem Prospekt und in keinem Videofilm die Rede, stattdessen sieht man Strände, Lagunen und lachende Kinder am Swimmingpool. Die Gäste sollen sich in Kuba in einer aseptischen Urlaubswelt wiederfinden, die mindestens so schön ist wie die der Dominikanischen Republik, Thailands oder Sri Lankas – die Selbstdarstellung des Landes als Touristenziel grenzt an Selbstverleugnung, und das sonst pausenlos gepriesene Selbstbewusstsein der Kubaner weicht einem schamvollen Kaschieren. Die Wirklichkeit findet nicht statt, nicht die Agonie und die Erstarrung, nicht der Verfall und der Ruin.

Kuba scheint überall dort, wo es nichts mit Tourismus zu tun hat, zum Stillstand gekommen zu sein. Man sieht im ganzen Land halbfertige Gebäude und zerfallene Rohbauten, weil kein Material und kein

Geld vorhanden sind, um sie fertigzustellen. Straßenarbeiten sind eingestellt worden, Schilder mit der Aufschrift „Carretera en construcción“ rosten an den Baustellen vor sich hin. Gerüste vor bröckelnden Fassaden, die irgendwann einmal renoviert werden sollten, verrotten nun ihrerseits. In den Häfen herrscht kaum Aktivität, oft dümpeln selbst an großen Umschlagplätzen wie Santiago oder Matanzas nur ein, zwei Schiffe an den Molen. Auf dem Meer ist kaum eine Spur von Leben zu erkennen, selten sieht man ein Fischerboot oder Jugendliche, die mit primitiven Netzen kilometerweit hinausschwimmen, um Schalentiere zu fangen. An den Straßenrändern türmt sich der Müll, ganz so, als sagten sich die Menschen, ein Aufräumen rentiere sich nicht mehr. Und an der Küste zwischen Havanna und Varadero hat die Hälfte der Ölpumpen – antiquierte Modelle mit einem Wippmechanismus, wie man sie aus der Pionierzeit der Vereinigten Staaten kennt – ihren Geist aufgegeben. Die stillstehenden schauen neben den noch müde auf und ab schaukelnden wie große tote Tiere aus.

Der architektonische Reichtum, mit dem sich Kuba gegenüber anderen Karibik-Zielen profilieren will, ist vielerorts nur noch in kümmerlichen Resten zu besichtigen. In den kolonialen Stadtzentren von Cienfuegos, Camagüey oder Holguín herrscht die Lethargie des Maroden und Aufgegebenen, einzig Santiago und das von der UNESCO zum Weltkulturerbe der Menschheit erklärte Trinidad im Süden des Landes lassen die Pracht früherer Tage noch erahnen. Am niederschmetterndsten ist die Zerstörung aber in Havanna. Jeden Tag stürzen dort im statistischen Mittel anderthalb Häuser ein, fünfhunderttausend Wohnungen sind nach offiziellen Angaben renovierungsbedürftig, alleine in der Altstadt sollen es viertausend Gebäude sein; gerade hundert davon wurden inzwischen instand gesetzt. Meistens wird nur das Nötigste getan, um Tragödien zu verhindern, Balkone werden abgestützt, damit sie keine Passanten erschlagen, Fassaden mit abenteuerlichen Hilfskonstruktionen vor dem Einsturz bewahrt. An vielen Gebäuden sind die Fenster vernagelt oder erblindet und die Hauseingänge zugemauert oder verbarrikadiert, und hinge nicht Wäsche zum Trocknen auf den Dächern, käme man nie auf den Gedanken, dass in diesen Ruinen noch Menschen leben könnten. Komplette Straßenzüge schauen aus wie nach einem Flächenbombardement, etwa die Häuserzeilen an der Uferpromenade Malecón, die früher einmal als die schönste der Welt galt: Die Farben haben jede Kraft verloren, unter den Arkaden Ratten die Herrschaft übernommen, von den Fassaden ist der Putz abgebröckelt und gibt den Blick auf die Mauersteine und nackten Stahlträger frei.

Glanz strahlt Havanna nur dort aus, wo Tourismus stattfindet. Für das Wohlergehen der Einheimischen wird fast nichts unternommen, umso mehr Mühe gibt man sich, die Stadt für die Besucher herzurichten: Renoviert werden fast ausschließlich die wichtigsten Sehenswürdigkeiten der Stadt und Hotels oder Restaurants, in denen der Dollar regiert. Diese bleiben aber immer wenige blendend schöne Inseln in einem Meer der Tristesse, bittere Fanale, die die Kubaner daran erinnern, dass es zumindest in der Welt des Tourismus nicht die Gleichheit gibt, die ihnen der Sozialismus seit seinem Sieg 1959 permanent verspricht. Sie müssen sich mit düsteren, muffigen Lokalen begnügen, mit miserablem, eintönigem Essen – nach Schätzungen der katholischen Kirche leiden drei Viertel der Kubaner an Mangelernährung –, während die Urlauber etwa in dem wundervollen, lichtdurchfluteten Restaurant des neoklassizistischen Hotels Ambos Mundos speisen oder auf der Terrasse des einstigen Mafiadomizils Hotel Nacional, in dem Meyer Lansky und Lucky Luciano früher ihre Geschäfte abwickelten, ihren Aperitif nehmen und dabei aus sicherer Entfernung auf das deprimierende Schauspiel in der Bucht von Havanna schauen. Immerhin hat das Regime in einem Akt heuchlerischer Großzügigkeit 2008 die Regeln für die Kubaner gelockert: Sie dürfen sich jetzt in den Touristenhotels einmieten oder dort essen, außerdem Ausflüge und Mietwagen buchen – falls sie die dafür notwendigen Devisen besitzen.

Die wenigsten Menschen können sich diesen Luxus leisten, die meisten müssen sich in die prinzipiell völlig überfüllten öffentlichen Busse zwängen, die „Camellos" genannt werden, weil sie von Sattelschleppern gezogen werden und die Fahrgastkabine dadurch einen Höcker wie bei einem Kamel bildet. Für die Touristen stehen derweil brandneue klimatisierte Modelle aus dem Westen zur Verfügung. Auch sonst sorgt ein Heer dienstbarer Kellner, Chauffeure oder Führer für ihr Wohlbefinden. Die Kubaner hingegen müssen Schlange stehen, vor den Bushaltestellen und Behörden, den Eisdielen und Straßenständen, den Kinos und Musiklokalen – so hatte sich das kommunistische Paradies auf Erden wohl niemand vorgestellt.

Die gescheiterten Staatsökonomen, die für all das verantwortlich sind, haben keinen Zweifel daran, dass sie den Weg aus der Misere mit den Mitteln der Planwirtschaft finden werden. Zwar sind ausländische Investoren und Managementgesellschaften als Hotelbetreiber willkommen. An eine Öffnung der erstarrten einheimischen Wirtschaft wird dennoch nicht gedacht. Es sei immer noch am besten, wenn der Staat die Fäden in der Hand behalte, sagen die wechselnden Tourismusminister gebetsmühlenhaft. So sei der Profit für das ganze Volk am größten, und so könne man beispielsweise mit einem Federstrich die Preise senken, wenn Kuba im Vergleich zu anderen Karibik-Zielen zu teuer werde. Nicht gesagt wird, dass sich das Militär unter der Führung von Fidel Castros Bruder Raúl wie eine Krake in der kubanischen Tourismusindustrie ausgebreitet hat und direkt oder indirekt die wichtigsten Unternehmen kontrolliert.

Derzeit sind in Kuba als touristische Privatbetriebe, die gleichwohl auch eifrig von einheimischen Dollarbesitzern frequentiert werden, nur kleine private Restaurants zugelassen. Diese „Paladares" werden mit vielen unsinnigen Auflagen wie der Begrenzung der Plätze auf ein Dutzend und durch eine rigide Besteuerung von den Behörden drangsaliert. Die Hoffnungen auf Reformen und eine Liberalisierung, die noch vor wenigen Jahren mit der Einführung des Dollars als faktischer Zweitwährung und der Legalisierung freier Bauernmärkte verbunden waren, sind inzwischen wieder geschwunden. Und der Fremdenverkehr hat nach Darstellung des Tourismusministeriums keine andere Aufgabe, als die kubanische Wirtschaft zu stabilisieren und den Peso so stark zu machen, dass er konvertibel wird. Dann werde alles wieder so fabelhaft sein wie früher und die „absurde Situation", in der die Währung des imperialistischen Erzfeindes den Rhythmus des Landes bestimme, ein Ende finden.

Für viele ist das eine Illusion. Wie die Sieger in der Schlacht um die Touristendollars heißen werden, erscheint immer ungewisser, weil durch den Fremdenverkehr die wichtigste Stütze des castristischen Systems, der Glaubensgrundsatz der Gleichheit, zerstört worden ist – heute teilt, wie zu Zeiten Batistas, wieder der Dollar die Gesellschaft in die Glücklichen und Unglücklichen.

Durch die Erstarrung des Systems und den Altersstarrsinn seiner Protagonisten, die immer noch lieber sterben als den Sozialismus aufgeben wollen, ist die Jagd nach Devisen zu einer Überlebensfrage geworden. Mindestens 150 Dollar pro Monat seien heute nötig, um ein bescheidenes Auskommen zu finden, sagen viele Kubaner. Der durchschnittliche Monatsverdienst beträgt umgerechnet etwa zwölf Dollar. Verdiente Genossen kommen nach Dutzenden von Berufsjahren auf das Doppelte. Bezahlen kann man mit der kubanischen Währung fast nichts mehr. Selbst Medikamente werden in Kuba, das mit Vorliebe sein kostenloses Gesundheitssystem als eine der großen Errungenschaften der Revolution preist, mitunter nur gegen Dollars abgegeben.

Die Regale in den staatlichen Geschäften sind leer oder mit Dingen gefüllt, die niemand braucht. Und das meiste davon bekommt man überdies nur über die „Libreta“, Bezugsscheine, die viel versprechen und mit denen man kaum etwas einlösen kann. Früher war die „Libreta“ zumindest eine Versicherung gegen das Verhungern, heute kommen die Rationen an Fleisch, Fisch, Milch, Öl oder Seife, die jeder Familie auf dem Papier zustehen, nur noch selten in den Läden an. Oft werden sie auf den Schwarzmarkt umgeleitet und gegen Devisen verkauft. Produkte besserer Qualität landen ohnehin in den „Diplotiendas“, in denen ausschließlich mit Dollars bezahlt wird. Deren Sortiment kann es zwar fast mit dem eines westlichen Kaufhauses aufnehmen – es gibt neben einer breiten Palette von Lebensmitteln auch ausgesuchte Parfümerieartikel und moderne Elektrogeräte –, dafür zahlt man für ein halbes Kilo Spaghetti, ein Glas Oliven und einen Liter Öl ein Monatsgehalt, genauso viel kostet eine Flasche kubanischen Rums. Für einen Fernsehapparat müsste ein Durchschnittskubaner theoretisch sechs Jahresgehälter zahlen – für einen gewandten Kellner in einem Touristenhotel ist das hingegen eine Frage von Monaten und für eine Kubanerin, die sich mit Erfolg prostituiert, eine von Wochen.

Da ist es kein Wunder, dass die von Klassenfeinden zu Revolutionshelden mutierten Urlauber nicht aus den Augen gelassen werden: Wann immer Touristen auftauchen, erwachen die Kubaner aus ihrer staatlich verordneten Agonie. Diejenigen mit den geringsten Möglichkeiten versuchen es mit reiner Freundlichkeit, plaudern mit den Fremden, erzählen viel von Kuba und sich selbst und bitten schließlich um ein paar

Dollar für die nötigsten Grundnahrungsmittel oder eine Einladung zum Essen. Andere, vor allem ältere Frauen, bieten auf den Straßen ihren Familienschmuck zum Verkauf an, während sich die jungen Burschen auf den Verkauf von Rum und Zigarren spezialisiert haben, die sie auf dunklen Kanälen aus den staatlichen Fabriken beziehen. Das beste Geschäft aber machen die jungen Frauen mit ihren Körpern.

Die „Jineteras", die „Reiterinnen", patrouillieren auf dem Malecón und der Rampa, der einstmals lebenslustigen Hauptschlagader Havannas, sie bevölkern die Umgebung der Touristenunterkünfte in allen größeren Städten des Landes und die von Ausländern frequentierten Strände, sie halten in den Bars und Diskotheken Ausschau, in denen mit Devisen bezahlt wird, und in den Lobbys der großen Hotels. Sie sind zu einem Massenphänomen geworden, dem auch staatliche Repression nichts anhaben kann; aus Varadero zum Beispiel wurden Mitte der neunziger Jahre dreitausend „Jineteras" vertrieben, nachdem sich Fidel Castro während eines Besuches in dem Badeort an diesen gefallenen Töchtern der Revolution gestört hatte. Sie wurden abtransportiert, um bald andernorts wieder aufzutauchen.

Die Prostitution ist allerdings kaum professionalisiert, es gibt so gut wie keine Bordelle oder Etablissements, deren tieferer Sinn sich deutlich von herkömmlichen Lokalen unterschiede. Sie ist allgegenwärtig, und genau das ist das Fatale an ihr: Besucher mit eindeutigen Absichten – und davon gibt es auf der Karibik-Insel weit mehr, als die offiziellen Stellen wahrhaben wollen – gewinnen den Eindruck, als sei fast jede Kubanerin im gebärfähigen Alter eine potenzielle Konkubine für ein paar Stunden oder den gesamten Urlaubsaufenthalt, als seien alle Frauen verfügbar, solange man ein Bündel Dollars in der Tasche trage.

Die Schamlosigkeit, mit der viele Urlauber ihre Macht ausspielen, lässt den Glauben der Staatsführung an die Kontrollierbarkeit dieses Phänomens als groteske Naivität erscheinen. Und wenn der Tourismus-Minister davon spricht, dass das größte Kapital des Landes seine fröhlichen, aufgeschlossenen, vertrauenswürdigen Menschen seien, klingt das wie blanker Zynismus. Dass hier die Würde eines ganzen Volkes auf dem Spiel steht, weil man ihm keine Möglichkeit gibt, auf eine andere Weise sein Auskommen zu finden, scheint man noch nicht recht begriffen zu haben. Stattdessen nimmt man mit selbstgefälligem Stolz für sich in Anspruch, entgegen allen Prognosen nach dem Zusammenbruch der kommunistischen Bruderstaaten nicht in die Knie gegangen zu sein. Über den Preis für diese starrsinnige Standhaftigkeit redet niemand – wenn Kuba so weitermacht wie bisher, werden die vermeintlichen Retter der Revolution wohl zu ihren Totengräbern.

Jesús Díaz

Erzähl mir von Kuba

„Ab heute wird alles anders!" rief er lächelnd aus, als er daran dachte, daß sie ausgerechnet am Abend dieses Tages bei seiner Mutter die *Kubanische Pfanne* eröffnen würden, ein Restaurant mit kreolischer Küche für Touristen, in dem mit harter Währung bezahlt würde. Vor einiger Zeit, als die Regierung die Zirkulation von Dollars legalisierte und das Betreiben von privaten Minirestaurants erlaubte, die von den Leuten sofort *paladares* getauft wurden, *Gaumen*, hatte seine Schwester Stalina vorgeschlagen, einen *paladar* einzurichten. Sie und ihre Mutter würden das Kochen übernehmen, Martínez die Bedienung und Idalys das Beschaffen von Kunden. Er war dagegen, und zwar mit dem Argument, daß er nicht Odontologe geworden sei, um als Kellner zu enden, woraufhin es zu einem heftigen Streit mit Idalys kam, die Stalinas Idee leidenschaftlich unterstützte.

„Lieber ein Kellner mit Dollars als ein abgebrannter Zahnarzt", sprach Idalys ihr Urteil und sagte noch: „Wer zu spät kommt, den bestrafen die Touristen."

Er widersetzte sich mit aller Kraft dieser Logik, nach der alles käuflich war, wie er meinte, und Idalys beendete die Diskussion damit, daß sie bei alldem doch vor allem an ihn denke.

„Ein krumm gewachsener Baum taugt nun mal nicht für den Weltmarkt", murrte Martínez, aber er begriff: Wenn er nicht bereit wäre, Kellner zu werden, würde er Idalys verlieren. Am Tag darauf gab er sich geschlagen. Bedingung war allerdings, daß die *Kubanische Pfanne* ausschließlich abends geöffnet war, damit er tagsüber weiter im Krankenhaus arbeiten konnte. Nachdem er erst einmal eingewilligt hatte, wurde ihm der Gedanke, Dollars verdienen zu können, immer sympathischer, und als alles startklar war, fragte er sich nur, wie viele Gäste kommen würden, wieviel Geld man verdienen könnte. Keuchend erreichte er den Parque Maceo und bog vom Malecón in die San Lázaro ab, wo er beim Strampeln aus dem Sattel gehen mußte. Auf halber Strecke wurde ihm der Atem knapp, die Beine zitterten, und er mußte absteigen. Er spürte, daß er Fredesvinda nicht leiden konnte, daß er sie haßte, daß er sie nie so geliebt hatte wie Pepe. Ihm blieb nichts anderes übrig, als sie zu schieben, aber vorher versetzte er ihr noch einen Fußtritt und beschimpfte sie. Warum, verdammt noch mal, gab es in diesem Land so gut wie keine Busse? Simple öffentliche Verkehrsmittel, mit denen die Leute rechtzeitig zur Arbeit kämen, in Ruhe, und nicht zitternd und schweißgebadet wie er jetzt? Ach, wenn er doch die Dollars, die er im *paladar* verdienen würde, dazu verwenden könnte, sich statt des Ventilators ein neues Fahrrad zu kaufen, leicht und schön wie eine Gazelle! Obwohl, wenn er es recht bedachte, warum nicht beides? ... Und wenn er außer dem Fahrrad und dem Ventilator ein Haus kaufen würde, ein hübsches Häuschen für Idalys? Die Leute, die keinen anderen Weg wußten, um zu Dollars zu kommen, boten umtriebigen Ausländern sogar kleine Paläste zum Schnäppchenpreis an, Swimmingpool inklusive. Natürlich war er kein Ausländer. Na und? Sind Kubaner etwa keine Menschen? Hatten sie keine Rechte? Sie hatten tatsächlich keine, zumindest in Kuba. Aber es gab tausenderlei Tricks, um das Gesetz zu umgehen. Der Teufel mußte dabei nur einen guten Schnitt machen können, und er würde ihm helfen, Haus und Auto zu besorgen.

Ein Auto! Warum war er darauf nicht schon früher gekommen? Fahrrad, Ventilator, Haus und Auto! Das wär's! Aber wie viele Dollars müßte er verdienen, um sich das alles leisten zu können, fragte er sich, als er zur Universität hinauffuhr. Mit Sicherheit einen Packen, Stapel, Haufen, Berg von Dollars. Wünschte er sich nicht zuviel? Aber wieso denn zuviel? Hatten das alles nicht auch die ausländischen Kollegen, die vor einem Jahr in Havanna am II. Lateinamerikanischen Kongreß für Kieferorthopädie teilnahmen? Hatte nicht ein Odontologe mit fünfzehn Jahren Berufspraxis das Recht, wie ein Mensch zu leben? Ja, natürlich, selbstverständlich, aber trotzdem waren seine Überlegungen falsch. Ein kubanischer Stomatologe war seinen ausländischen Kollegen nicht ebenbürtig, daher konnte er mit dreihundert Pesos Monatsgehalt weder ein Fahrrad noch einen Ventilator, noch Haus oder Auto kaufen. Das alles würde die *Kubanische Pfanne* abwerfen müssen. Ob das möglich war? Warum denn nicht? Wo doch seine Mutter eine Göttin der Küche war! Die Touristen würden sich nach ihrem Essen alle zehn Finger lecken, und er selbst würde die Gäste mit äußerster Aufmerksamkeit bedienen, wie Kinder, so daß nebenbei auch noch ein ordentliches Trinkgeld abfiel.

Aber würden die Touristen auch kommen, fragte er sich, als er auf der Straße H oben angelangt war und eine Verschnaufpause machte. Er wischte sich Stirn und Hals mit einem Taschentuch ab, das danach schweißgetränkt und fettig-grau war, schwang sich wieder auf Fredesvinda und radelte mit neuem Enthusiasmus bergab. Natürlich würden sie kommen! Idalys würde sie mit ihrem Charme und ihrer *sandunga* aus dem Cabaret ranschleppen, und in kürzester Zeit wäre die *Kubanische Pfanne* die Nummer eins unter den *paladares* im Land! Sie würden reich werden! Und sie würden sich nicht nur Fahrräder, Ventilatoren, Häuser und Autos kaufen, sondern auch Yachten und Urlaubsreisen ins Ausland leisten können! Ob ihnen die Regierung die Ausreise erlauben wird? Natürlich nicht. Aber das wäre nur halb so schlimm, sagte er sich, als er am Castillo del Príncipe vorbeikam und weiter in Richtung Calle Zapata strampelte. Kuba war eine große Insel, unbekannt für ihn, der kaum einmal aus Havanna herausgekommen war, weil es im Landesinnern praktisch unmöglich war, für Transport, Unterkunft und Essen zu sorgen, es sei denn, man zahlte in Dollar. Dann würde er eben, anstatt die Devisen auf Cancún oder in Miami auszugeben, nach Varadero, Cienfuegos und in die Täler von Viñales oder Yumuri fahren, was noch viel besser wäre, weil es auf der Welt keinen Flecken Erde gab, der es mit seinem schönen, geliebten Kuba aufnehmen könnte.

„Whouu!", rief er aus, als er beim Cementerio de Colón um die Ecke bog, in bester Laune angesichts der Gewißheit, daß er schon bald nicht mehr ein gewöhnlicher Einheimischer, sondern eine Art Ausländer sein würde. Die Ampel bei der Puerta de la Paz de los Sepulcros war rot, und er mußte halten. Er betrachtete die traurige Skulptur, die das Friedhofstor krönte, und lächelte, als er vor dieser Hauptzufahrt zum Friedhof das Einbahnstraßenschild sah. Er trocknete sich noch einmal den Schweiß ab; diesmal war das Taschentuch derart dreckig, daß er es am liebsten in den Müll geworfen hätte, tat es aber nicht, weil er kein anderes hatte und auch keines besorgen konnte. Als die Ampel auf Grün schaltete, radelte er wieder los, Richtung Calle 23, obwohl er schon langsam Wadenkrämpfe bekam. Was würde passieren, wenn einer oder zwei oder zehn Touristen Idalys anbaggerten? Wenn sie sie bumsen wollen? Dann gnade ihnen Gott, sagte er sich, um keinen Preis. Sie war unberührbar; Tänzerin ja, aber keine Hure, keine *jinetera.* Er erreichte die große Brücke über den Almendares und kam auf die Avenida 41. Auf der Höhe von La Tropical durchzuckte ein Krampf, so schmerzhaft wie ein Dolchstich, sein linkes Bein und ließ ihn das Gleichgewicht verlieren.

Er stürzte auf die Straße und verfluchte den Tag, an dem er geboren wurde. Nur die Hoffnung auf die Dollars, die ihm die *Pfanne* einbringen würde, hielt ihn davon ab, vor Wut loszuheulen. Bald hat das Elend ein

Ende, sagte er sich, während er auf den Gehweg hinkte, wo er sich auf eine Bank fallen ließ und sein Bein massierte. Das Problem war, daß diese Kuh von Fredesvinda so schwer war wie eine schlecht geführte Ehe. Wie seine eigene Ehe womöglich? Nein, Idalys und er waren glücklich miteinander, auch wenn sie nicht in Saus und Braus lebten. Aber mit ihrer Armut würde schon morgen dank der *Pfanne* Schluß sein. Und Jesús, der Taxifahrer, fragte er sich, als er wieder auf Fredesvinda stieg und, mit Rücksicht auf seine zitternden Waden, vorsichtig in die Pedalen trat. Er hatte keinen Grund, sich seinetwegen Sorgen zu machen. Idalys hatte ihm erklärt, daß es nur ein Freund war, ein angenehmer Typ, ein guter Nachbar. Wenn sie reich sein würden, könnten sie ihn vielleicht als Fahrer anstellen. Nein, das nicht. Warum nicht? Darum. Und wieso darum? Weil er ihm dazu erst die Eier abschneiden müßte. „Vade retro, Jesús! Finger weg von Idalys, Hundesohn!", rief er aus, als das Krankenhaus in Sicht kam. Es war nicht mehr weit. Er durfte nicht verzweifeln. Er fing an zu singen: „Ein Panzer für die Schildkröte, die so langsam läuft,/ da hatte Mutter Natur eine gute Idee …" Damit lenkte er sich ab, und als er auf dem Parkplatz des Krankenhauses ankam, war er wieder ruhig. Er holte dort eine schwere Kette und ein Vorhängeschloß aus seinem Arztkoffer, schloß Fredesvinda an den Fahrradständer an und betrat das Gebäude mit der Hoffnung, nicht seiner Chefin über den Weg zu laufen.

Er lief ihr über den Weg. Doktor Bárbara Cifuentes, klein, dick, mit bösem Gesicht und kurzem Hals, schien schon eine ganze Weile neben der Stechuhr auf ihn zu warten.

„Nicht zu glauben, Doktor Stalin! Wenigstens sollten Sie Ihrem Namen Ehre machen und pünktlich sein. Der richtige Stalin war immer pünktlich."

„Da haben Sie recht", räumte Martínez mit einem Seufzer ein, „aber er war auch nicht auf die Fähre angewiesen und mußte nicht mit dem Fahrrad durch die ganze Stadt fahren."

Er versuchte weiterzugehen, doch die Cifuentes trat ihm in den Weg.

„Und wann wollen Sie sich endlich rasieren? Für einen Stomatologen ist ein Bart unangebracht."

„Bald …"

Martínez zog den Kopf ein, er verspürte nicht die geringste Lust zu erklären, daß seine Gesichtshaut sehr empfindlich und sein Barthaar sehr kräftig war, daß es gute Rasierklingen nur für Dollars gab und daß er wie ein geschlachtetes Schwein aussah, wenn er sich mit einer schlechten Klinge rasierte.

„Also, wann?" drängte die Cifuentes mit einer mahnenden Gebärde der Rechten; sie hatte kleine dicke Wurstfinger.

„In den nächsten Tagen. Aber vergessen Sie nicht, daß der andere Stalin einen Schnauzer trug."

Er fühlte sich glücklich, daß er diesem Drachen Paroli geboten hatte; trotzdem zog er vor Ärger, daß sie den anderen Stalin den richtigen genannt hatte, eine Grimasse. Als ob er, Martínez, der falsche wäre! Entschlossen, den Klauen seiner Chefin zu entkommen, sagte er ihr, er müsse sich die Hände waschen gehen.

Er spürte ein dringendes Bedürfnis danach, erhob sich von der Campingliege und ging zu dem Blechkasten mit Meerwasser, wo er den Kopf und die linke Hand hineintauchte, um nicht den Gipsverband an der rechten naß zu machen. Er wußte sofort, daß die Abkühlung, die er jetzt genoß, so illusorisch war wie seine Hoffnung, irgendwann einmal glücklich zu sein. Das Wasser verdampfte, doch das Salz blieb fest an seiner Haut haften, wie um ihn daran zu erinnern, daß die Sonne sie bis auf das nackte Fleisch verbrennen würde. Er legte sich wieder auf die Liege, kniff die Augen zusammen, und in einer Art Traumzustand erinnerte er sich an den geöffneten Mund der ersten Patientin, die er behandelte, nachdem er von der Chefin fort war. Es war eine noch ziemlich junge Frau, deren Zähne allerdings wegen mangelnder Pflege in einem katastrophalen Zustand waren. Sie litt an starken Schmerzen in einem Eckzahn, den er ihr ohne jedes schlechte Gewissen hätte ziehen können, den er aber aus Menschlichkeit mit einer Wurzelbehandlung zu retten beschloß, trotz des enormen Aufwands, der dazu nötig war. Die Operation verlangte große Kunstfertigkeit, und er war ein Könner darin, wie es ihm mit kindlichem Stolz durch den Kopf ging, als die Betäubungsspritze schon gesetzt und der Speichelsauger eingelegt war und die Behandlung begonnen hatte. Da lächelte er, denn der Gedanke an die Arbeit, die er schon geleistet hatte, beruhigte ihn jedesmal ungemein. Nur das Schwierige regt an, sagte er sich und fragte sich, wann er es schaffen würde, seinen Aufenthalt in Miami zu legalisieren, die Anerkennung seines Doktortitels zu erreichen und genügend Geld zusammen zu haben, um die *Große Stomatologische Klinik Martínez* zu gründen. Wie würde sie auf englisch heißen? Und wenn er statt seines Namens einfach Marti schreiben würde? Ja, das klang besser, amerikanischer, dachte er und rief sich wieder den Moment in Erinnerung, als er den Zahn schon eröffnet, den kariösen Bereich vorbehandelt und das Zahnmark entfernt hatte, so daß der Nerv, den er abtöten mußte, wie ein winziges schwarzes Würmchen freilag.

„Mehr Betäubungsmittel."

„Ist nicht da", warf ihm seine Assistentin Fermina an den Kopf, eine dünne Schwarze mit kleinem Kopf, großem Mund und Flötenstimme.

Die Patientin riß die Augen auf und verfolgte die Pendelbewegung des Köpfchens Ferminas, der es eine merkwürdige Lust verschaffte, so ihrem abschlägigen Bescheid Nachdruck zu verleihen. Martínez schnaufte. Das war der erste Fall an diesem Tag, es war doch nicht möglich, daß sich die Anästhesielieferung auf eine Ampulle beschränkte!

„Wie, ist nicht da?"

„Alles alle", sagte Fermina, wobei sie den Kopf nun hob und senkte.

Schreckensbleich krallte die Patientin die Finger in die Armlehnen des Stuhls und machte Anstalten, sich aufzurichten, wobei sie unverständliche Laute ausstieß.

„Ganz ruuuhig", sagte er in dem tiefen Ton und langsamen Rhythmus, mit dem er die Patienten zu hypnotisieren pflegte. „Ruuuhig. Es tut niiichts weh."

Die Frau entspannte sich langsam, und er machte sich daran, die Arbeit zu beschleunigen. Bei diesem billigen Betäubungsmittel blieben ihm bestenfalls noch fünf Minuten Wirkungsdauer. Wenn er bis dahin nicht fertig wäre, würde die arme Frau nicht nur Sterne sehen, sondern auch Planeten, Sonnen, ganze Galaxien von Schmerzen. Der Fall komplizierte sich zudem dadurch, daß die Patientin wahre Flüsse von Speichel absonderte, die er nur mit großer Mühe austrocknen konnte. Zu allem Überfluß war auch noch das Warmluftgebläse kaputt, und es waren keine Tupfer da, weshalb er mit nur andeutungsweise sterilen Lappen arbeiten mußte. Trotzdem hatte er einen guten Rhythmus bei seiner Aufgabe gefunden, als plötzlich das System für die Hintergrundmusik die Übertragung der *Cavalleria rusticana* unterbrach und sich die aseptische Stimme der Sekretärin des Zentrums meldete.

„Doktor Martínez, Doktor Stalin Martínez, bitte zur Direktion. Doktor Martínez, Dr. Stalin Martínez bitte."

„Ich kann jetzt nicht", sagte er an Fermina gewandt, die Augen dabei fest auf die Patientin gerichtet, die ihm ihrerseits einen flehentlichen Blick zuwarf. „Gehen Sie und sagen Sie, daß ich nicht kann." Widerwillig unterbrach Fermina die Lektüre der *Granma* und ging zur Tür. „Und sagen Sie bitte Bescheid, daß ich nicht Stalin genannt werden möchte."

Er nahm seine Arbeit wieder auf. Der Pegelstand des von der Patientin abgesonderten Speichels war inzwischen derart hoch, daß Martínez kurz davor war, die Nerven zu verlieren.

„Spucken Sie aus", sagte er und nahm ihr den Speichelsauger für eine Weile aus dem Mund.

Die Frau gehorchte wie ein erschrockenes Schäfchen. Die *Cavalleria rusticana* hatte ihren Galopp wieder aufgenommen, und er sagte sich, daß er in diesem Rhythmus weiterarbeiten mußte, um den Wettlauf gegen die Schmerzen zu gewinnen, als die Musik abermals unterbrochen wurde.

„Doktor Martínez, Doktor Stalin Martínez, bitte zur Direktion. Doktor Martínez, Dr. Stalin Martínez bitte."

Fest entschlossen zu vergessen, daß man ihn wieder bei seinem Vornamen gerufen hatte, legte er der Patientin den Speichelsauger ein und setzte seine Arbeit fort. Er hatte sich kaum umgedreht, als hinter ihm die Tür des Behandlungszimmers aufging.

„Die Chefin sagt, ich soll Ihnen sagen, Sie sollen sofort zu ihr kommen, ohne jede Ausrede", verkündete Fermina in einem Befehlston, der bei ihrem Flötenstimmchen besonders lächerlich klang. „Es ist ein spezieller Fall."

Gereizt wandte sich Martínez zu ihr um.

„Sagen Sie ihr, ich kann nicht."

Fermina winkte ihn mit dem rechten Zeigefinger zu sich heran und setzte dabei eine so geheimnisvolle Miene auf, daß er der Versuchung nachgab und zu ihr ging.

„Der Fall ist ein Tourist", flüsterte sie ihm ins Ohr. „Gehen Sie, er bezahlt mit grünen Scheinen."

„Aber … und der Fall hier?"

„Die Chefin sagt, sie kümmert sich darum", erklärte Fermina und nahm ihm die Verantwortung ab.

Hatte sie ihm die Verantwortung wirklich abgenommen, fragte er sich jetzt, während er sich von Durst und Hunger gepeinigt auf der Liege wälzte. Oder hatte er sich einfach wie ein Schuft verhalten und diese arme Frau mit offenem Mund im Stich gelassen, als die Wirkung des Betäubungsmittels kurz vor dem Nullpunkt war und der Nerv des Eckzahns noch lebend freilag – nur damit er den Dollars eines Ausländers hinterherrannte? Er bemühte sich, die Frage zu vergessen, genauso wie die Tatsache, daß er diesen Ausländer weder als

Patienten gesehen hatte noch als jemanden, der ihn direkt in Dollars bezahlen würde, sondern vor allem als potentiellen Kunden der *Kubanischen Pfanne*.

Hatte er das Berufsethos verletzt, indem er als Geschäftsmann und nicht als Zahnarzt handelte? Er verspürte ein unbezwingbares Bedürfnis, vor sich selbst zu fliehen und raste los, den Bretterzaun entlang, so wie es der Krankenwagen in den Straßen von Havanna getan hatte, mit dem er wie ein schwanzwedelnder Hund das Krankenhaus verlassen hatte. Er stieß eine Art Jaulen aus und wurde plötzlich still, als ihm einfiel, daß in dem klapprigen Krankenwagen weder die Sirene noch das Signallicht funktionierten und daß die Radfahrer, die die Straßen überschwemmten, Paco, dem Krankenwagenfahrer, nur deshalb den Weg freigaben, weil er einen Höllenlärm veranstaltete, indem er mit der flachen Hand auf die Karosserie einschlug. (...) Außerdem liebte er Havanna, ging es ihm durch den Kopf, und er rief sich die Freude ins Gedächtnis zurück, die er empfand, als er von einem Krankenwagen aus, vor dem jedermann instinktiv Respekt hatte, die Straßen, die alten Häuser und die Stadtparks erblickte. Er ahnte, daß sein Gedächtnis den Verfall ausblendete, der in Havanna allenthalben wie Lepra wucherte, und gab der Erinnerung an das Rot der Flamboyants und das Weiß des Jasmins den Vorzug, vor allem aber an den plötzlichen Blick aufs Meer, der sich vor ihm auftat, als das Fahrzeug die Ecke Avenida 23, Straße L erreichte. Es stimmte zwar, daß seine gute Stimmung damals dahin war, als sein Blick auf den hohen Klotz des *Habana Hilton* fiel, das sich in den Jahren seiner revolutionären Leidenschaft *Habana Libre* nannte und das dann, wie in Übereinstimmung mit dem Niedergang seiner eigenen Illusionen, von einer ausländischen Firma betrieben wurde. Jetzt aber zog er es vor, die Erinnerung an den Anblick zurückzuholen, den ihm damals der Atlantik bot, dunkelgrün am Ufer, kobaltblau bis zur ersten Sandbank, von dunklem Indigo im Golfstrom.

Fidel Castro
Rede zum 40. Jahrestag der Revolution

Santiagueros, Landsleute aus ganz Kuba!
Ich versuche mich an jenen Abend des ersten Januars 1959 zu erinnern – ich spüre und erlebe dabei noch einmal die Eindrücke und Geschehnisse, als ob sie gerade jetzt passieren würden. Es scheint unwirklich zu sein, dass uns das Schicksal das seltene Privileg hat zukommen lassen, vierzig Jahre später erneut zur Bevölkerung von Santiago de Cuba vom selben Ort aus zu sprechen.

Vor dem Morgengrauen jenes Tages spürte ich für einen Moment lang eine seltsame Leere, als die Nachricht kam von der Flucht des Tyrannen und der wichtigsten Funktionäre seines erdrückenden Regimes vor dem unaufhaltsamen Vormarsch unserer Truppen. Wie ist dieser unglaubliche Sieg in etwas mehr als 24 Monaten nur möglich gewesen – von dem Augenblick an, dem 18. Dezember 1956 –, als wir nach einem harten Rückschlag, der unser Kommando quasi ausgelöscht hatte, wieder sieben Gewehre beisammen hatten, um erneut den Kampf aufzunehmen gegen eine militärische Streitmacht von 80 000 Soldaten mitsamt ihren Waffen, Tausenden von Führungskadern aus Militärakademien, ihrer starken Moral, attraktiven Privilegien, dem nie in Frage gestellten Mythos der Unbesiegbarkeit und einer verlässlichen militärischen Beratung sowie gesicherten Waffenlieferungen aus den Vereinigten Staaten? Gerechte Ideale, die sich das Volk zu eigen gemacht hatte, vollbrachten das militärische und politische Wunder. Spätere – vergebliche und lächerliche – Versuche, das zu retten, was übrig war von diesem ausbeuterischen und repressiven System, wurden von der Rebellenarmee, den Arbeitern und dem Volk generell innerhalb von 24 Stunden zerschlagen.

Der Anflug von Traurigkeit, der uns nach dem Sieg erfasste, war Folge der noch frischen Erinnerungen an die im Laufe des Kampfes gefallenen Kameraden – im vollen Bewusstsein, dass jene so außerordentlich schwierige und widrigen Jahre uns zwangen, besser zu sein als wir es waren und unser schöpferisches Potenzial auszunutzen. Wir mussten unsere Berge, unsere Felder verlassen und unser Leben in absoluter und unumgänglicher Enthaltsamkeit aufgeben – ein Leben, stets auf der Hut vor dem Feind, der jederzeit in den 761 Tagen, die der Krieg dauerte, zu Land oder aus der Luft angreifen konnte. Ein gesundes, hartes, reines Leben voller gemeinsam erlebter Entbehrungen und Gefahren, das die Menschen zusammenschweißt und in ihnen nobelste Tugenden entwickelt: eine grenzenlose Opferbereitschaft und Selbstlosigkeit, die in jedem Menschen stecken können.

Die enorme Überlegenheit des Feindes an Waffen und Soldaten zwang uns, Unmögliches zu vollbringen. Man muss sich nur einmal vor Augen halten, dass wir den Krieg mit Gewehren und Panzerminen gewonnen haben. Wir hatten dabei in jeder bedeutenden Schlacht stets gegen Artillerie, Panzer und vor allem gegen die feindliche Luftwaffe zu kämpfen, die bei jeder Kriegshandlung sofort zur Stelle war.

Die Gewehre und andere halbautomatische und automatische leichte Geschütze, die wir besaßen, hatten wir dem Feind zuvor im Kampf abgenommen. Den Sprengstoff, aus dem wir in einfachen Werkstätten Panzer- und Antipersonenminen herstellten, entnahmen wir stets einigen Blindgängern nach Bombenangriffen, die sie gegen uns führten. Unsere verlässliche Taktik, den Feind stets bei Truppenbewegungen anzugreifen, spielte dabei eine Schlüsselrolle. Die Kunst, ihn zu provozieren, um ihn aus seinen gut befestigten und in der Regel uneinnehmbaren Stellungen zu locken, wurde so zu einer der wichtigsten Fähigkeiten unserer Führung. (...)

Wo ich mich beinahe unfreiwillig in diese Gedanken über unsere Gefechte in den Bergen vertieft habe, will ich euch, um die Geschichte der Ereignisse zu beenden, die mich erneut in diese geliebte Stadt an jenem 1. Januar geführt haben, dessen 40. Jahrestag wir heute feiern, erzählen, wie ich am 11. November aus La Plata mit 30 bewaffneten Männern und 1000 Rekruten ohne Waffen aufbrach.

Jene mutigen und selbstlosen jungen Männer waren besser geschult im Ertragen von Hunger, Bombardierungen und Mangel als im Umgang mit Waffen, da für Übungsschießen niemals eine echte Patrone vorhanden war. Aus allen Teilen des Landes kamen sie massenweise voller Begeisterung in die Guerillaschulen. Damals konnte aber nur jeder Zehnte diese Bedingungen ertragen. Sie füllten unsere Reihen auf, sie waren furchtsamer als unsere alten Kämpfer. Ermuntert von den Traditionen und Geschichten, die sie hörten, wollten sie an einem Tag vollbringen, wozu andere Jahre benötigt hatten.

Unsere große Kolonne nahm kleine Rebelleneinheiten entlang des Vormarschs auf und erbeutete Waffen zweier feindlicher Trupps, die in unsere Reihen überliefen, wozu sie von dem damaligen Kommandanten Quevedo überzeugt wurden, der uns ein würdiger und mutiger Gegner in der Schlacht von Jigüe gewesen war. Es war vereinbart worden, dass sie nicht gegen ihre ehemaligen Waffengefährten kämpfen mussten. So erhielt unsere große Kolonne eine Vorhut von 180 mit Kriegswaffen ausgerüsteten Mann. In Guisa, Baire, Jiguaní, Maffo und Palma Soriano – allesamt Schauplätze zahlreicher Gefechte – erfüllte sich mit der Unterstützung anderer Einheiten, die im Laufe des Vormarsches zu uns stießen, der Traum der Rekruten auf einen Kampfeseinsatz. Nachdem Palma eingenommen worden war, besaßen nun alle Rekruten, die mit mir zusammen sechs Wochen zuvor aus La Plata aufgebrochen waren, eigene Waffen und bildeten eine hervorragende Truppe. Sie waren teilweise nachgerückt für gefallene, verletzte oder kranke Kameraden, die bereits eine Ausrüstung gehabt hatten, und erhielten die erbeuteten neuen Waffen, deren Zahl sich etwa auf 700 belief. Allein in Palma wurden 350 Waffen erbeutet.

Ich muss betonen, dass nicht alle Waffen, die dazu beitrugen, die jungen Männer aus der Guerillaschule Minas del Frío zu Soldaten an vorderster Front zu machen, ausschließlich bei unseren Siegen erbeutet wurden. Mitte Dezember erhielten wir nämlich die meiner Meinung nach wichtigste Waffenunterstützung aus dem Ausland: 150 halbautomatische Gewehre und ein FAL-Automatikgewehr für mich, die im Namen des venezolanischen Volkes von Konteradmiral Larrazábel und der Revolutionsjunta geschickt wurden, die einige Monate vor dem kubanischen Sieg die Macht in Venezuela übernommen hatte. Wie man sich denken kann, sind die Waffen schnell zum Einsatz gekommen und fanden Verwendung in den Gefechten von Jigauní, Maffo und Palma Soriano. (…)

Ehre und ewiger Ruhm, unendlicher Respekt und Liebe jenen, die damals gefallen sind für die endgültige Unabhängigkeit des Vaterlandes; allen, die jenes Heldenepos in den Bergen, den Ebenen und den Städten geschrieben haben – Guerilleros und Untergrundkämpfer; jenen, die nach dem Sieg bei anderen ruhmreichen Missionen ihr Leben gelassen oder in Treue ihre Jugend und ihre Energie in den Dienst der Gerechtigkeit, der Souveränität und der Erlösung ihres Volkes gestellt haben; jenen, die bereits verstorben sind, und jenen, die noch leben. Wenn man nämlich an jenem 1. Januar von dem Sieg reden konnte, der fünf Jahre, fünf Monate und fünf Tage nach dem 26. Juli 1953 errungen wurde, so muss man am heutigen Jahrestag, nimmt man das gleiche Datum als Ausgangspunkt, von einem heldenhaften und bewundernswerten Kampf sprechen, der seit 45 Jahren, fünf Monaten und fünf Tagen andauert. *(Beifall)*

Für die jüngsten Generationen beginnt die Revolution heute gerade erst. Ein Tag wie der heutige hätte keinen Sinn, wenn man sich nicht an sie richtet.

Wer ist heute hierher gekommen? Es sind überwiegend nicht die gleichen Männer, Frauen und Jugendlichen jenes 1. Januars. Das Volk, zu dem ich spreche, ist nicht das Volk jenes 1. Januars. Es sind nicht die gleichen Männer und Frauen. Es ist ein anderes Volk, aber gleichzeitig doch das gleiche ewige Volk. *(Beifall)*

Derjenige, der hier von dieser Tribüne aus spricht, ist auch nicht genau derselbe wie damals. Es ist nur jemand, der wesentlich weniger jung ist, den gleichen Namen trägt, die gleiche Uniform anhat, gleich denkt und die gleichen Träume hat. *(Beifall)*

Von den 11 142 700 Einwohnern, die die heutige Bevölkerung des Landes ausmachen, waren 7 190 400 an jenem Tag noch nicht geboren und 1 359 698 waren noch keine zehn Jahre alt. Die große Mehrheit derjenigen, die damals 50 Jahre alt waren und jetzt mindestens 90 Jahre alt wären – wenn auch immer mehr dieses Alter erreichen –, ist bereits verstorben.

30 Prozent jener Landsleute konnten weder lesen noch schreiben. Ich denke, dass vielleicht weitere 60 Prozent keinen Volksschulabschluss hatten. Es gab nur einige Dutzend technische Fachschulen, Gymnasien – die nicht alle dem Volk zugängig waren –, Lehrerbildungsinstitute, drei staatliche und eine private Universität. Insgesamt gab es 22 000 Dozenten und Lehrer. Knapp fünf Prozent aller Erwachsenen, d.h. ungefähr 250 000 Menschen, besaßen eine Bildung, die über den Volksschulabschluss hinausreichte.

Ich habe einige Zahlen im Gedächtnis. Heute gibt es 250 000 erwerbstätige Lehrer und Dozenten mit viel höherem Ausbildungsniveau. Es gibt 64 000 Ärzte, 600 000 Hochschulabsolventen.

Es gibt keinen Analphabeten, kaum jemanden, der nicht mindestens die 6. Klasse abgeschlossen hat. Schulpflicht besteht bis zum 9. Schuljahr. Alle, die den Abschluss schaffen, ausnahmslos alle, können kostenlos die Sekundarstufe II absolvieren. Es ist nicht der Mühe wert, auf absolut präzise und exakte Daten zurückzugreifen. Es gibt Tatsachen, die niemand wagt in Zweifel zu ziehen. Wir sind heute mit Stolz das Land in der Welt mit den meisten Dozenten, Ärzten und Sportlehrern pro Kopf sowie das Dritte-Welt-Land mit der niedrigsten Kinder- und Müttersterblichkeitsrate.

Jedoch will ich hier nicht von diesen oder von vielen anderen sozialen Fortschritten sprechen. Es gibt viel wichtigere Dinge.

Unzweifelhafte Realität ist, dass es unmöglich ist, das Volk von damals mit dem von heute zu vergleichen.

Das Volk von gestern, in dem es Analphabeten und Halbanalphabeten gab, in dem es kaum eine echte politische Kultur gab, war in der Lage, die Revolution zu vollbringen, das Vaterland zu verteidigen, im Anschluss ein außergewöhnliches politisches Bewusstsein zu erlangen und einen revolutionären Prozess einzuleiten, zu dem es weder auf dieser Erdhälfte noch sonst wo auf der Welt Parallelen gibt. Das sage ich nicht etwa aus einem lächerlichen Chauvinismus oder dem absurden Vorhaben heraus, uns glauben zu machen, besser als andere zu sein. Ich sage es, weil der Zufall oder das Schicksal es so wollte, dass dieser Revolution, die an jenem 1. Januar geboren wurde, die härtesten Proben auferlegt wurden, die jemals auf der Welt ein revolutionärer Prozess zu bestehen hatte.

Unser heldenhaftes Volk von gestern und von heute, unser ewiges Volk, hat unter der Beteiligung von mittlerweile bereits drei Generationen 40 Jahre lang

Aggressionen, einer Blockade sowie einem wirtschaftlichen, politischen und ideologischen Krieg der mächtigsten und reichsten imperialistischen Macht widerstanden, die je in der Geschichte der Menschheit existiert hat. Die außergewöhnlichste Seite voller Ruhm und patriotischer und revolutionärer Standhaftigkeit ist in diesen Jahren der Spezialperiode geschrieben worden, seitdem wir völlig allein unter den westlichen Ländern dastehen – 90 Meilen entfernt von den Vereinigten Staaten – und trotzdem entschieden haben, weiterzumachen.

Unser Volk ist nicht besser als andere Völker. Seine immense historische Größe rührt von dem einmaligen Umstand, sich dieser Probe unterzogen und standgehalten zu haben. Es handelt sich nicht von vornherein um ein großes, sondern um ein Volk, das durch sich selbst gewachsen ist. Aus dieser Fähigkeit entspringt die Größe der Ideale und der gerechte Charakter der Sache, die es verteidigt. Es gibt keine andere Sache wie diese, es hat sie nie gegeben. Es geht heute nicht darum, aus purem Egoismus eine nationale Sache zu verteidigen. In der Welt von heute kann eine ausschließlich nationale Sache für sich allein keine große Sache sein. Unsere Welt wird aufgrund ihrer eigenen Entwicklung und historischen Evolution auf schnelle, unaufhaltsame und unumkehrbare Art und Weise globalisiert. Ohne nationale und kulturelle Identitäten oder etwa die legitimen Interessen der Völker eines jeden Landes zu vernachlässigen, gibt es keine wichtigere als die globale Sache, d.h. die Sache der Menschheit selbst.

Auch ist es weder unsere Schuld noch unser Verdienst, dass für das Volk von heute und von morgen der am 1. Januar begonnene Kampf unweigerlich zu einem Kampf für die Interessen der gesamten Menschheit werden muss, der gemeinsam mit anderen Völkern zu führen ist. Kein Volk, so groß und reich es auch sein mag – und weniger noch ein mittleres oder kleines Land –, kann von sich aus und für sich allein seine Probleme meistern. Das Verleugnen dieser Realität zeugt von einer begrenzten Vision, politischer Kurzsichtigkeit oder Blindheit oder dem völligen Fehlen von Besorgnis oder Mitgefühl für das Schicksal der Menschen.

Doch die Lösungen für die Menschheit sind nicht dem guten Willen derer zu verdanken, die sich heute der Welt bemächtigen und sie ausbeuten, wenngleich sie auch nichts anderes erträumen oder begreifen können als die Fortdauer dessen, was für sie den Himmel bedeutet und für die übrige Menschheit die Hölle, ein reales Inferno ohne möglichen Ausweg.

Die heute auf unserem Planeten vorherrschende Wirtschaftsordnung wird unweigerlich zusammenbrechen. Das kann sogar von einem Schüler begriffen werden, der gut genug addieren, subtrahieren, multiplizieren und dividieren kann, um im Fach Rechnen ein einfaches Bestanden zu erhalten.

Viele sind derartig infantil, dass sie jene als Skeptiker bezeichnen, die diese Themen ansprechen. Andere träumen sogar von der Errichtung von Kolonien auf dem Mond oder dem Mars. Ich kritisiere nicht die Tatsache, dass sie träumen. Sollten sie es erreichen, so wäre es vielleicht der Ort, an den sich so mancher flüchten könnte, wenn die brutale und immer stärker werdende Aggression auf unserem Planeten nicht gestoppt werden kann.

Das gegenwärtige System ist unhaltbar, denn es fußt auf blinden, chaotischen, verderblichen und destruktiven Gesetzen der Gesellschaft und der Natur.

Selbst die Theoretiker der neoliberalen Globalisierung, ihre besten Leute, Verkünder und Verfechter des Systems, zeigen sich unsicher, schwankend, widerspruchsvoll. Es gibt tausend Fragen, auf die man keine Antwort hat. Es ist heuchlerisch, wenn gesagt wird, dass die Freiheit des Menschen und die absolute Freiheit des Marktes untrennbare Begriffe sind, als ob die Gesetze des letzteren, die die egoistischsten, ungleichsten und erbarmungslosesten Sozialordnungen hervorgebracht haben, mit der Freiheit des Menschen vergleichbar wären, der vom System zu einer bloßen Ware herabgestempelt wird.

Viel richtiger wäre es zu sagen, dass es ohne Gleichheit und Brüderlichkeit, unantastbare Parolen der bürgerlichen Revolution, nie Freiheit geben kann und dass Gleichheit und Brüderlichkeit mit den Gesetzen des Marktes absolut unvereinbar sind.

Die Millionen Kinder auf der Welt, die gezwungen sind, für ihren Lebensunterhalt zu arbeiten, sich zu prostituieren, Organe zu spenden und Drogen zu verkaufen; die Abermillionen Beschäftigungslosen, die kritische Armut, der Handel mit Drogen, Immigranten und menschlichen Organen sind, wie der Kolonialismus von gestern und seine dramatische Folgeerscheinung der heutigen Unterentwicklung und was es sonst noch in der Welt von heute an sozialem Übel gibt, das Produkt von Systemen, deren Fundament diese Gesetze waren. Es ist unmöglich zu vergessen, dass der Kampf um die Märkte die Ursache für das schreckliche Massenmorden beider Weltkriege dieses Jahrhunderts war.

Auch ist nicht zu verkennen, dass die Marktprinzipien Bestandteil der historischen Entwicklung der Menschheit bilden, doch ist es das gute Recht eines jeden vernünftigen Menschen, den angestrebten Fortbestand solcher Prinzipien gesellschaftlichen Charakters als Grundlage der Weiterentwicklung des Menschen abzulehnen.

Die fanatischsten Verfechter und Anhänger des Marktes haben diesen zu einer neuen Religion werden lassen. So kommt es zur neuen Glaubenslehre des Marktes. Ihre Wortführer sind mehr Theologen als Wissenschaftler. Für sie ist es eine Glaubensfrage. Aus Achtung vor den eigentlichen Religionen, die weltweit von Milliarden Menschen achtbar ausgeübt werden, und vor den echten Theologen müssen wir noch hinzufügen, dass die Theologie des Marktes sektiererisch, fundamentalistisch und antiökumenisch ist.

Die heutige Weltordnung ist aus noch vielen anderen Gründen unhaltbar. Ein Biotechnologe würde sagen, dass ihre Erbanlagen zahlreiche Gene enthalten, die sie zu ihrer eigenen Zerstörung führen.

Neue und unerwartete Phänomene treten auf, die sich jeglicher Kontrolle seitens der Regierungen und internationalen Finanzorgane entziehen. Es geht bereits nicht mehr nur um die künstliche Schaffung unermesslichen Reichtums ohne jegliches Verhältnis zur realen Wirtschaft. Das trifft auf die Hunderte neuer Multimillionäre zu, die im Zuge der in den letzten Jahren erfolgten Verdoppelungen der Aktienpreise an den New Yorker Wertpapierbörsen wie ein Riesenballon entstanden, der bis ins Absurde aufgeblasen wird und das große Risiko in sich birgt, früher oder später zu platzen. So war es schon einmal 1929 und bewirkte eine tiefe, ein ganzes Jahrzehnt andauernde Depression. (…)

Neben der phänomenalen Währungsspekulation ist ein beschleunigtes und unglaubliches Anwachsen der sogenannten Einlösungsfonds und des Marktes der Derivate – ein weiterer ziemlich neuer Begriff – zu beobachten. Ich will nicht versuchen, ihn zu erklären. Es ist kompliziert. Es genügt zu wissen, dass es sich um ein zusätzliches System von Spekulationsspielen handelt, ein weiteres Riesenkasino, in dem mit allem und auf alles gesetzt wird, gestützt auf raffinierte Risikoberechnungen unter Einsatz von Computern, hochkarätigen Programmierern und eminenten Ökonomen. Sie nützen die Unsicherheit aus und benutzen das Geld der Sparer der Banken. Sie unterliegen faktisch keinerlei Restriktionen, erzielen Riesengewinne und können Katastrophen auslösen.

Dass die gegenwärtige Wirtschaftsordnung unhaltbar ist, zeigt die Verletzlichkeit und Schwäche des Systems, das unseren Planeten in ein gigantisches Kasino,

Millionen Menschen und gelegentlich sogar ganze Gesellschaften in Glücksspieler verwandelt und die Funktion des Geldes und der Investitionen verfälscht hat, denn ihr Streben ist weder auf die Produktion noch auf das Anwachsen der Güter der Welt gerichtet, sondern darauf, um jeden Preis Geld mit Geld zu gewinnen. Eine derartige Deformation führt die Weltwirtschaft zum unvermeidbaren Desaster. (…)

Die Welt braucht eine gewisse Führung, um ihre gegenwärtigen Realitäten meistern zu können. Wir sind bereits sechs Milliarden, die wir unseren Planeten bevölkern. Es ist fast sicher, dass es in nur fünf Jahrzehnten 9,5 Milliarden sein werden. Die Gewährleistung von Nahrungsmitteln, Gesundheit, Bildung, Beschäftigung, Kleidung, Schuhwerk, Wohnraum, Trinkwasser, Elektrizität und Transport für eine derart große Anzahl von Personen, die ausgerechnet in den ärmsten Ländern leben werden, wird eine kolossale Herausforderung sein. Man wird zuerst die Konsumptionsmuster definieren müssen. Wir dürfen nicht weiterhin den Geschmack und den Lebensstil nachahmen wollen, die sich am Verschwendungsmodell der Industriegesellschaften orientieren. Das wäre zum einen unmöglich und zum anderen Selbstmord.

Die Entwicklung der Welt muss programmiert werden. Diese Aufgabe darf nicht den transnationalen Konzernen und den blinden und chaotischen Gesetzen des Marktes überlassen werden. Die Vereinten Nationen sind ein guter Startblock dafür. Sie verfügen bereits über umfassende Information und Erfahrung. Es muss nur ihre Demokratisierung durchgesetzt werden, das Ende der Diktatur des Sicherheitsrates sowie der Diktatur innerhalb des Rates selbst; zumindest soll er durch neue ständige Mitglieder eine Erweiterung erfahren, unter denen die Dritte Welt entsprechend vertreten ist, und zwar mit sämtlichen Vorrechten wie sie auch die gegenwärtigen Mitglieder besitzen. Auch die Regeln für die Entscheidungsfindung sind zu modifizieren. Außerdem sind die Funktionen und das Ansehen der Vollversammlung zu stärken.

Es werden hoffentlich keine katastrophalen Wirtschaftskrisen sein, die zu Lösungen führen. Milliarden Menschen in der Dritten Welt wären die am meisten Betroffenen. Das elementare Wissen um die technologischen Realitäten und die Zerstörungskraft der modernen Waffen zwingt uns, alles zu tun, um zu verhindern, dass die unvermeidbar ausbrechenden Interessenkonflikte blutige Kriege auslösen.

Die Existenz nur einer Supermacht, einer globalen und erstickenden Wirtschaftsordnung macht es schwer – vielleicht auch unmöglich –, dass eine Revolution wie sogar die unsrige, sollte sie heute einsetzen und nicht als sie in einer damals bipolaren Welt Unterstützung fand, überleben kann. Unserem Land stand also die notwendige Zeit zur Verfügung, um ein unbezwingbares Durchhaltevermögen zu entwickeln und gleichzeitig auf internationaler Ebene den starken Einfluss seines Beispiels und seines Heldentums wirken zu lassen, um auf allen Tribünen die große Schlacht der Ideen zu schlagen.

Die Völker werden kämpfen. Eine bedeutende und entscheidende Rolle in diesen Kämpfen werden die breiten Massen spielen, und das wird im Grunde ihre Antwort auf die Armut und die Leiden sein, die ihnen auferlegt wurden. Es wird Tausende neue und findige Formen des politischen Drucks und der politischen Aktion geben. Viele Regierungen werden durch die Wirtschaftskrisen und die Ausweglosigkeit aus dem etablierten Weltwirtschaftssystem eine Destabilisierung erfahren.

Wir durchleben eine Etappe, in der die Ereignisse dem Bewusstsein der Realitäten, die uns berühren, vorauseilen. Es müssen Ideen verbreitet, Betrug, Spitzfindigkeiten und Heucheleien entlarvt werden unter Einsatz von Methoden und Mitteln, die der Desinformation und den institutionalisierten Lügen entgegenwirken. Die im Verlaufe von vierzig Jahren über Kuba wie Regengüsse niedergeprasselten Verleumdungen haben uns gelehrt, dem Instinkt und Intellekt der Völker zu vertrauen. (…)

Liebe Landsleute!
Das Volk, das den heldenhaften Kampf der Spezialperiode kämpft, um das Vaterland, die Revolution und die Errungenschaften des Sozialismus zu retten, schreitet unaufhaltsam in Richtung seiner gestellten Ziele voran, gleich den Kämpfern um Camilo und Che in der Sierra Maestra und dem Escambray-Gebirge. Wie Mella sagte, hat jede Zukunft besser zu sein. Lasst uns dieses mit den Zielen bestätigen, die wir uns für 1999 gestellt haben. Wir wollen festigen und vertiefen, arbeiten und mit dem gleichen Mut kämpfen wie unsere heldenhaften Kämpfer bei Uvero in den ruhmreichen Tagen der großen feindlichen Offensive, in den Schlachten und Aktionen, derer wir heute gedacht haben. Den Rückschlag von Alegría de Pío haben wir bereits hinter uns gelassen, sind an Cinco Palmas vorbei und haben wieder Kräfte gesammelt. Wir sind schon wieder in der Lage zu siegen so wie 300 über 10 000 gesiegt haben; wir sind schon wieder viel stärker und uns des Sieges sicher. *(Beifall)*

Allen unseren Landsleuten, doch besonders der Jugend versichere ich, dass die kommenden vierzig Jahre für die Welt entscheidend sein werden. Vor ihnen stehen unvergleichlich komplexere und schwierigere Aufgaben. Sie erwarten neue ruhmreiche Ziele; die überaus große Ehre, kubanische Revolutionäre zu sein, verlangt von ihnen die Realisierung dieser Aufgaben. Kämpfen wir für unser Volk und für die Menschheit. Unsere Stimme kann und wird sehr weit zu vernehmen sein.

Die Schlacht von heute ist hart und schwer. Wie im kriegerischen gibt es auch im ideologischen Kampf Verluste. Zum Durchstehen harter Zeiten und schwerer Bedingungen hat nicht jeder die erforderliche Veranlagung.

Heute hatte ich daran erinnert, dass während des Krieges bei Luftangriffen und aller Art von Entbehrungen von den freiwilligen Jugendlichen, die in unsere Guerillaschule kamen, nur einer von zehn dies alles ertrug; doch dieser Eine war zehn, hundert, tausend Mann wert. Vertiefen im Bewusstsein, Formung des Charakters, Erziehung in der harten Schule des Lebens unserer Epoche, Verbreiten stichhaltiger Ideen, Benutzen von unwiderlegbaren Argumenten, Überzeugen mit eigenem Beispiel und Vertrauen auf die Ehre des Menschen; damit kann erreicht werden, dass von zehn neun auf ihrem Kampfposten bleiben, eng verbunden mit der Fahne, der Revolution und der Heimat. *(Beifall)*

Sozialismus oder Tod!

Vaterland oder Tod!

Wir werden siegen! *(Ovation)*

Jonathan Fischer

Essen bei Doña Juana

„Warum ich keine Leuchtreklame habe?" Doña Juana muss lachen. „Weißt du, wie viele hundert Pesos Gebühr mich das im Monat kosten würde?" Nicht einmal ein einfaches Holzschild unterscheidet das Haus der stämmigen Küchenchefin von denen ihrer Nachbarn im Villenviertel Vedado. Selbst der Taxifahrer muss zur Sicherheit ein paar spielende Kinder auf der Straße fragen. Ein kleines Mädchen deutet schließlich auf einen dunklen Hauseingang im ersten Stock, der über eine hölzerne Wendeltreppe an der Außenfassade zu erreichen ist. Hola. Hola. Die um die abendliche Telenovela versammelte Gesellschaft schaut nur kurz von dem flimmernden Bildschirm auf. Eine junge Frau, die offensichtlich zum Haus gehört, bittet die Neuankömmlinge, doch Platz zu nehmen, bis oben ein Tisch frei wird. Tatsächlich herrscht ein dauerndes Kommen und Gehen. Nach einem Fingerzeig der Bedienung erheben sich Grüppchen von Wartenden aus dem Fernsehzimmer und geben ihre Sofaplätze für die Nachrücker frei.

In den Geruch von Kernseife und Parfum mischen sich Duftnoten von Bratfett und schwarzen Bohnen. Unter einem grellen Jesus-Gemälde bemühen sich zwei Standventilatoren ratternd, die schwüle Abendluft in Bewegung zu halten. Vergeblich. So kommt es einer Erlösung gleich, auf die Dachterrasse gebeten zu werden, wo eine leichte Meeresbrise über die Köpfe der Gäste hinwegstreicht. Vier Plastiktische und zwölf Plastikstühle stellen das ganze Mobiliar. Mehr Sitzgelegenheiten sind laut Verordnung der kubanischen Regierung einem Privatrestaurant, dem Paladar, nicht erlaubt. Doña Juana hat das Beste daraus gemacht: Ein paar karierte Sonnensegel aufgespannt, hie und da Plastikblumen drapiert und ansonsten die Aussicht auf die Nachbardächer Vedados als passendes Ambiente für ihre kreolische Küche akzeptiert.

Schon ein erster Blick auf die Speisekarte verrät, dass Doña Juanas Wohnung nicht mehr die Volksküche ist, die sie einmal war. Oder liegt die Preissteigerung an der in letzter Zeit verschlechterten Versorgungssituation? Schwein oder Huhn in einem halben Dutzend Variationen kosten je Gericht umgerechnet etwa fünf Euro. Das ist angesichts der üppigen Portionen zwar vergleichsweise billig, aber doch doppelt so teuer wie noch kurz davor. Damals mussten sich die Gäste bei Doña Juana noch in ein enges Souterrainzimmer quetschen, in dem selbst zur Mittagszeit die Glühbirnen brannten. Jetzt sind die Einheimischen auf der Dachterrasse in der Minderheit. Wer offiziell umgerechnet um die 15 Euro im Monat verdient, kann sich das Menü meist nur noch auf Einladung von Touristen leisten. Die drei Triumphe der Revolution – Gesundheitsfürsorge, Bildung und Kultur – witzelt ein kubanischer Tischgenosse, habe man mit hohen Kosten erkämpft: namentlich Frühstück, Mittagessen und Abendbrot. Der Staat hatte 1995 die lizensierte Bewirtung im eigenen Wohnzimmer zugelassen. Die illegal betriebenen Küchen hatten überhandgenommen, es galt also, ein Überdruckventil zu öffnen und gleichzeitig den Schwarzmarkt besser in den Griff zu bekommen. Nun aber ringen die Ideologen mit dem Erfolg der als Wirtschaften genutzten Privatwohnungen. „Wir müssen hier täglich neuen Vorschriften und Verboten standhalten“, erklärt die Küchenchefin. „Zum Beispiel dürfen wir im Gegensatz zu den staatlichen Restaurants keinen Hummer und keine Krabben servieren. Bestimmte Zutaten müssen wir in teuren Importläden kaufen. Und die Lizenzen sind unabhängig vom Umsatz.“

Dennoch haben die Paladares – der Begriff entstammt angeblich einer brasilianischen TV-Seifenoper, in der die Heldin ein Restaurant namens „Paladar“ eröffnet – mehr für den Ruf der kreolischen Küche getan als alle staatlichen Restaurants und Hotelküchen zusammen. Heimkehrende Kuba-Touristen hatten in den vergangenen Jahren wohl von allem möglichen geschwärmt, nur nicht vom Essen. Kubanische Hotelchefs engagieren offenbar nur selten gute Köche. Und an allen Straßenecken werden für fünf einheimische Pesos Teigschwämme als Pizzas verkauft.

Die heimische Küchenkrise ist so alt wie die Revolution. Sie allerdings als bloße Folge der blockadebedingten Lebensmittelengpässe zu erklären, greift zu kurz: In der sozialistischen Planwirtschaft waren die heimischen Nahrungsressourcen zugunsten des devisenbringenden Zuckerrohranbaus systematisch vernachlässigt worden. Zwar stellt das Essen – nach der Liebe natürlich – das zweitliebste Thema kubanischer Folklore dar, hatte selbst Nationalsänger Beny Moré in seinem Hit „El Bárbaro del Ritmo“ voller Inbrunst die Zukunft eines Schweinchens als Schinken und Schwarte besungen. Fidel Castro aber setzt offensichtlich andere Prioritäten. So brauchen Paladares immer noch ein ausgedehntes Netzwerk an privaten Kontakten, um wirklich auf dem Tisch zu haben, was die Speisekarte verspricht.

Ein Glücksfall also, dass bei Doña Juana heute tatsächlich Fisch in der Pfanne brutzelt. Schließlich dürfen Fischer in der Regel nur an staatliche Läden verkaufen, die wiederum bevorzugt die staatlichen Restaurants beliefern. So wiegt die Befriedigung über den seltenen Fund ein wenig dessen fehlenden Gaumenkitzel auf: ungewürztes Filet an Reis und schwarze Bohnen. Arroz Moro. Die Allerweltsbeilage der kreolischen Küche, ein Sattmacher für die Massen und nur selten mehr als dekorativer Papp. Und doch zieht es den Besucher immer wieder auf Doña Juanas unprätentiöse Dachterrasse. Vielleicht der Salzluft wegen. Vielleicht aufgrund des erheiternden Familiengezänks, das hier aus der Küche dringt. Vielleicht auch, weil man nie zu viel von kaltem Cristal-Bier und frischem Avocado-Salat bekommen kann. Beim dritten Kommen endlich der Volltreffer: Lomo Ahumado. Zartgeräuchertes Schweinefleisch. In der Konsistenz ähnlich wie Kasseler Rippchen, aber mit einem herrlichen Beigeschmack von Holzfeuer. Dazu serviert Doña Juana für je einen Euro auch exotischere Beilagen als schwarzen Reis: Tostones oder Plátanos a punetazos etwa, dicke Kochbananenscheiben, die halbgar mit der Faust – oder deren hölzerner Verlängerung – flachgeklopft werden, bevor sie in der Pfanne goldbraun zu Ende braten. Oder Mariquitas: Das sind dünnere Scheiben desselben Gemüses, die, knusprig gebacken und gesalzen, einen für immer den Tütenchips abschwören lassen.

Als Schmelztiegel spanischer, afrikanischer und karibischer Traditionen hat die kubanische Hausmannskost durchaus ihre Qualitäten: Ihre Stärke liegt in der Veredelung vermeintlich minderwertiger Zutaten. So findet sich allein die Kochbanane in tausendundeiner Zubereitung wieder: grün oder reif; gekocht oder gebraten, in Scheiben geschnitten oder zu Brei zerdrückt; mit knuspriger Schweineschwarte zu Fufu verkocht. Auch Yuca (Maniok), Malanga (Süßkartoffel) oder Boniata (Yams) sind in der kubanischen Küche alltäglicher als die zwei Mal pro Jahr auf Lebensmittelkarte ausgegebenen Hühnchen.

Bedauerlicherweise finden jedoch diese Zutaten, je anspruchsvoller ein Paladar erscheinen mag, desto seltener ihren Weg auf die Speisekarte. So auch im „Le Chansonnier“. Nur drei Straßenecken von Doña Juana entfernt gibt das Säulen bestandene Herrenhaus aus der Kolonialzeit die stilvolle Antithese zum Plastikmöbel-Ambiente auf der Dachterrasse. Vorbei an holzgetäfelten Salons geht es in den Speisesaal: hohe Decken, Kronleuchter, altes Porzellan und ein schwarzer Flügel in der Ecke. Zwei junge Kubaner, beide Restauratoren und

Künstler mit Verbindungen nach Europa, betreiben hier eine Traummaschine: Dinieren wie ein französischer Adeliger auf kubanischem Landsitz. Vorausgesetzt, die Brieftasche stimmt, kann man inmitten importierter Antiquitäten den realen Sozialismus über drei Gängen vergessen. Entsprechend extravagant gibt sich auch die Speisekarte: Schweinefilet mit Pinienkernen und Rosinen oder gedünsteter Fisch in Rotwein-Sauce, beide Gerichte durchaus ihre zwölf Euro wert.

Am bodenständigsten ist noch der Exkurs zum Herd, wo Köchin Alegra – eine freundliche Alte mit Wickel um den Kopf – an einem Flan rührt, der später für etwa vier Euro die Portion reißenden Absatz finden wird. Natürlich weiß sie, dass ihre Kochkünste nur zum Teil zur Popularität des „Le Chansonnier" beitragen. Hierher kommt man vor allem der feierlich nostalgischen Atmosphäre wegen.

Oder weil das „La Guarida" gerade mal wieder ausgebucht ist. Was ohne Vorbestellung beinahe täglich der Fall ist. Schließlich lässt sich in jedem Fremdenführer nachlesen, dass das pittoreske Paladar in der Altstadt Havannas die Kulisse für einige Szenen aus „Erdbeer und Schokolade" abgab. Und was für den international erfolgreichsten kubanischen Film der letzten zehn Jahre recht war, das ist auch dem lokalen Jetset aus Diplomaten, Handelsvertretern und hohen Funktionären billig. Doch selbst dieser Renommier-Paladar ist ohne genaue Ortsangabe schwerer zu finden als ein leeres Linientaxi. Zumal sich das Gründerzeithaus genauso bröckelnd und einsturzbedroht präsentiert wie der Rest des Stadtzentrums von Havanna. Eine Reihe von Holzpfeilern stützen von innen die Decken ab. Es riecht nach Moder und frischer Wäsche. Durch zerborstene Glasmosaikfenster fällt buntes Licht auf eine Wandtafel am Treppeneingang. Darauf ist kunstvoll ein Castro-Zitat gepinselt. „ … morir por la patria es vivir". Leben heißt für die Heimat sterben. Ob der Máximo líder dabei auch an einstürzende Häuser dachte?

Über eine majestätische Marmortreppe geht es an Wäscheleinen und streunenden Katzen vorbei in den dritten Stock. Jetzt nur noch an der unscheinbaren Holztür klingeln. Das gedämpfte Licht im Vorraum gibt den Blick auf goldgerahmte Ölbilder und lebensgroße Heiligenfiguren frei. Die Patina dieser Privatwohnung, in der schon Jack Nicholson, Naomi Campbell und die spanische Königin Sofia speisten, erinnert an eine Mischung aus Trödelmarkt und Kirche. Der perfekte Ort für ein romantisches Tête-à-Tête. Die Speisekarte lässt bei etwa vier bis sechs Euro für das Entree eine in Havanna wohl einmalige Auswahl: Gazpacho, Kaninchen-Lasagne oder marinierter Fischsalat mit Erdnussöl und Kartoffeln? Und als Hauptspeise für zwölf Euro Schweinemedaillons in Mangosauce, Kaninchen in Olivenöl oder doch lieber Lammbraten? Die Kellner tragen diskret und dienstfertig große Teller unter Silberhauben auf. Wenn die Anzahl von Tischen und Stühlen – etwa drei Mal so viele wie einem Paladar erlaubt – etwas über die Kontakte des Betreibers zu den Offiziellen sagt, dann muss das „La Guarida" die Stammkneipe der Parteioberen sein.

Am Nebentisch gedämpfte Unterhaltungen amerikanischer Literaturdozenten mit einer kubanischen Kollegin über Lehrprogramme an Universitäten und akademische Stipendien. Und den Verfall des Pesos auf dem Schwarzmarkt. Aus dem Dolby-Surround-System dringt dazu schwermütige Klassik. Ob man die Vorspeisenplatte mit mariniertem Fisch in Pfeffersauce nicht fertig essen wolle? Nein danke, sagt der Gast und verrät nicht, dass er gerade viel lieber einen Berg pappigen Reis mit Bohnen vor sich hätte, Sehnsucht verspürt nach Doña Juanas Küchengeschrei und den bunten Glühbirnen auf ihrer Betonterrasse. „Die große Insel empfängt ihre aufrichtigen Besucher wie große Freunde", heißt es in einem Prospekt des kubanischen Ministeriums für Tourismus. Manchmal aber sind ein kaltes Cristal und ein Strauß Plastikblumen der schönste Freundschaftsbeweis.

Jakob Grasselli

Eine Nacht mit dem Troubadour

Meist mieden wir die Calle Obispo, die Fußgängerstraße vom Parque Central zur Plaza de Armas; von den spätkolonial üppigen Jugendstilbauten zwischen Prado und Kapitol zu den Barockmonumenten aus der Glanzzeit des spanischen Imperiums: dem escorial-strengen Palast der Generalkapitäne und der schwerfälligen Kathedrale, umlagert von Souvenir- und Bücherständen; und den neuen Hotels in alten Palästen.

Die Calle Obispo war an vielen Stellen so eng, dass sich Einheimische und Touristen genervt aneinander vorbeischoben. Das lag an den Absperrungen baufälliger Fassaden. Kaum eine andere Straße in Alt-Havanna war mit so vielen Ruinen gesäumt – gerade so, als sollte den Ausländern auf ihrem Weg zu den restaurierten Plätzen des historischen Zentrums drastisch demonstriert werden, wie viel noch zu tun blieb.

Dafür gab es hier keine lautstarken Kollisionen zwischen dem Stress einheimischer Armut und dem Müßiggang ausländischer Urlauber, wie sie sich in den abends nur spärlich beleuchteten Parallelstraßen jederzeit ereignen konnten. Wie an jenem Abend, als vor uns zwei europäisch aussehende Paare stehen blieben, sich über eine lange Menschenschlange vor einem unscheinbaren Laden wunderten und von ihrem jungen Führer in weithin hörbarem Englisch erklären ließen, hier handle es sich um eine Ausgabestelle für Brot zu staatlich subventionierten Preisen. Worauf aus der Warteschlange eine Frau herausrannte, sich vor den Touristen aufbaute und schrie: „Ja, sehen Sie sich unsere Armut genau an" – und gern dürften sie ihr Gesellschaft leisten und lernen, wie viele Stunden man auf Kuba anstehen müsse, um die einfachsten Dinge zu ergattern. Sie zitterte vor Wut, doch in ihrem Englisch unterlief ihr nicht der kleinste Fehler. Sie hatte es ganz offensichtlich nicht durch Radebrechen mit Touristen, sondern in einem Studium gelernt und war empört, nun für ihre Armut wie ein exotisches Tier bestaunt zu werden.

An unserem letzten Abend in Havanna hatten wir uns viel Zeit gelassen für ein Essen in der Casa de los Árabes, einem der als Kulturinstitute genutzten Paläste aus der frühen Kolonialzeit mit einem historischen Prunksaal im Hauptgeschoss, der zum wohl prächtigsten muslimischen Betraum der Karibik umgestaltet war. Im Patio wurde gute arabische Küche serviert – weit besseres, würzigeres Essen als alle sonstigen Bemühungen in der Gastronomie Havannas, den Touristen zuliebe das Einerlei sozialistisch-spartanischer Sättigungsangebote zu so etwas wie karibischer Kulinarik zu veredeln.

Es war so spät, dass wir für den Rückweg zum Parque Central eine fast menschenleer gewordene Calle Obispo benutzen konnten. Die Bars in dieser Straße können sich nicht rühmen, Stammlokale Hemingways gewesen zu sein. Sie bemühen sich, mit guten Musikern die fehlenden Hemingway-Spuren wettzumachen, auf die Kubas Tourismuswerbung so unverdrossen setzt und denen die Touristen bei der Wahl ihrer Besichtigungsprogramme wie ihrer Lieblingslokale auch brav zu folgen scheinen.

Wir gingen in die einzige Bar, aus der noch ausgelassener Lärm drang. Aber auch hier hatten die Musiker bereits die Instrumente eingepackt. Sie standen nur noch für ein letztes Bier mit Freunden und Freundinnen am Tresen – einem ganz erstaunlich langen Tresen aus mahagonidunkel poliertem, schwerem Holz, den wir schon bei unseren ersten Streifzügen durch Alt-Havanna zu schätzen gelernt hatten. Jetzt war er so belagert, dass wir uns an einen der leeren Tische setzten. So spät waren in diesem Viertel nur wenige Ausländer unterwegs, und so stellten uns die Stammgäste die üblichen Fragen nach dem Woher und Wohin, wie man sie eben an Touristen richtet, wenn sie noch selten genug sind.

Dann setzte sich ein junger Mann an unseren Tisch, stellte sich als Nelson vor und begann uns in Englisch nach unseren Eindrücken von mehreren Städten in Amerika und Kanada, aber auch in England und sogar Australien auszufragen. Er war enttäuscht, dass wir nur wenige dieser Städte kannten. Dort lebten nämlich Brüder und Schwestern, Onkel und Tanten von ihm. Aber er werde auf Kuba bleiben, er werde nicht auswandern, niemals, rief er immer wieder. Nelson sprach ein so flüssiges Englisch mit einem so merkwürdig neutralen Akzent, dass wir seiner Behauptung glaubten, er sei selbst schon in diesen Ländern gewesen, als Musiker zu Gastspielen.

Ein Stoppelbart betonte die Blässe von Nelsons schmalem Gesicht. Er drehte den Schild seiner Baseballmütze in den Nacken und forderte uns auf, sein Alter zu schätzen. „Ich bin viel jünger, als ihr glaubt", lachte er geschmeichelt auf unsere Vermutung, er müsse so um die dreißig sein, „ich bin erst zwanzig, aber ich habe schon zwei Kinder." Inzwischen war es drei Uhr morgens geworden, doch auf die Frage, ob denn die Mutter seiner Kinder nicht auf seine Heimkehr warte, entgegnete er brüsk: „Ich habe keine Lust, meine Frau zu sehen."

Ein großer Kerl, der mit seiner milchkaffeebraunen Haut, seinem ebenmäßigen Gesicht und dem kurzen Kraushaar wie ein junger Harry Belafonte aussah, setzte sich zu uns und nickte betrübt zu Nelsons heftig bekundetem Eheüberdruss. „Das ist Juanito", stellte ihn Nelson vor, und er betonte die Verkleinerung von Juan zu Juanito so nachdrücklich, als sollten wir uns darüber amüsieren, dass so ein Hüne auf den Namen Hänschen hört. „Ich bin der Schlagzeuger“, erklärte Juanito, „und Nelson ist unser Lead Singer.“ Nelson schien nicht nur als Musiker den Ruf eines großen Entertainers zu haben. Immer mehr Leute kamen von der Theke herüber, zogen Stühle an unseren Tisch und versuchten unserem Gespräch zu folgen, obwohl Nelson auf Englisch beharrte und außer ihm und Juanito niemand in der Runde diese Sprache gut zu verstehen schien.

Nelsons Ankündigung, er werde uns zuliebe noch einmal seine Gitarre auspacken und singen, weckte Begeisterung. Doch dann legte er seine Gitarre wieder beiseite, um einen gerade eingetretenen Gast mit etwas krampfhaft wirkender, theatralischer Herzlichkeit zu begrüßen: einen hageren alten Mann in einem abgetragenen Anzug, dem eine zu eng geknotete Krawatte den faltigen Hals einschnürte. Er folgte zögernd Nelsons Aufforderung, in unserer Runde Platz zu nehmen, griff gierig nach einer angebotenen Zigarette und begann in andächtigen kleinen Schlucken das Bier zu trinken, das ihm Nelson spendierte. „Er war einmal ein sehr guter Musiker“, erklärte uns Juanito, „aber dann kam eine unglückliche Geschichte mit einer Frau und dann das Trinken …. Ich glaube, inzwischen ist er sogar obdachlos.“ Der Alte blickte zu uns herüber mit einem verlegenen Lächeln, als ahnte er, dass wir über ihn reden.

Das Gespenst von verflossenem Musikantenruhm verschwand wortlos aus der Runde ausgelassener Jugend in die Nacht hinaus, sobald Nelson erneut zur Gitarre griff und zu singen begann. Er sang nichts aus dem üblichen Repertoire von „Guantanamera“ über „Yolanta“ bis „Mi Comandante Che Guevara“, das auf ganz Kuba abgespult wird, sobald Touristen da sind.

Nelson gegenüber saß eine junge Frau, die jeden Ton und jede Geste mit verklärtem Lächeln einsaugte und die Augen wie eine Katze zu schmalen Schlitzen zusammenzog. Sie war zu brav gekleidet, zu hellhäutig und zu unauffällig, als dass sie sich mit jenen strahlend schönen, kokett herausgeputzten Schwarzen hätte messen können, die jeden Abend zwischen den Hotels und Diskotheken von Havanna Vedado flanieren und mit allen nach Dollars aussehenden Passanten so übermütig flirten, als hätte die Polizei noch nie Razzien auf „Jineteras“ gemacht, auf (Dressur-)Reiterinnen, wie die Huren auf Kuba genannt werden, mit einer merkwürdigen Mischung aus Spott und Respekt. Aber sie wusste sich in Szene zu setzen.

Dabei war sie nicht die Einzige, die Nelson beobachtete. Denn noch ein Paar war erstaunlich spät aufgetaucht und hatte abseits von unserer Runde in dem ansonsten völlig leeren Lokal Platz genommen. Die beiden waren deutlich älter als Nelson und seine Clique. Ein Liebespaar, hätte man denken können. Doch der Mann, mit einem grauen Anzug auffallend unauffällig gekleidet neben all den jugendlich bunten Nachtvögeln, ganz der Typ eines braven Angestellten, schwieg düster vor sich hin, und seine Begleiterin hatte nur Augen für Nelson, der mit wachsender Leidenschaft Lied um Lied sang. „Meine Cousine“, rief Nelson fröhlich zu uns herüber, und als wollte er ganz sicher sein, dass wir verstanden, wie viel ihm diese Frau bedeute, rief er das spanische Wort für „Cousine“ hinterher, nannte sie seine „prima“, denn in diesem Wort schwingt ja die Bedeutung von „la primera“ mit, der ersten und wichtigsten Person.

Nirgendwo, nicht einmal in Afrika, sieht man weniger Blondinen unter den Einheimischen als auf Kuba. Hier schienen alle Frauen, ob afrikanisch dunkel oder kreolisch blaß, ob kraus- oder glatthaarig, auf die natürliche Schwärze ihrer Frisuren stolz zu sein. Umso auffallender war Nelsons „prima“. Sie hatte extrem lange, weißblonde Kraushaare. Als wollte sie die Künstlichkeit dieser strohigen, vom Bleichen spröden Mähne betonen, waren in ihrem schmalen, mulattendunklen Gesicht die Augen schwarz ummalt und die Augenbrauen mit dicken schwarzen Strichen vergrößert. Sie sah eher grotesk als attraktiv aus. Als sie auf das plötzliche, heftige Zureden ihres Begleiters endlich reagierte und mit ihm die Bar verließ, fielen ihre breiten, plumpen Hüften auf.

In Nelsons Runde saßen schöne Frauen, und alle schwärmten für den zierlichen Troubadour mit der interessanten Blässe, für sein virtuoses Gitarrenspiel und seine hinreißende Stimme, sie hingen an seinen Lippen. Aber Nelson sang nicht für sie und auch nicht mehr für uns, das spät hereingeschneite Ausländerpaar, sondern nur noch für jene seltsame „Cousine". Nachdem sie die Bar verlassen hatte, sang er noch lauter, noch leidenschaftlicher, als könnte er sie damit zurücklocken.

Und es gelang. Sie kam wieder, ohne ihren Begleiter, setzte sich an ihren alten Platz und hörte bewegungslos zu. Als nach geraumer Zeit auch ihr Begleiter wieder auftauchte, machte sie ihm mit einer aggressiven Geste klar, dass er sie in Ruhe lassen solle. Immer hektischer schwankte ihr Begleiter zwischen Anläufen, sie allein zurückzulassen, und erneuten Versuchen, sie zum Mitkommen zu überreden. Das unschlüssige Kommen und Gehen des Paars – mal gemeinsam, mal getrennt – wurde von allen beobachtet, aber niemand verlor ein Wort darüber. Dafür war die Verwandlung Nelsons, des Mittelpunkts der Runde, zu deutlich und zu ernst. Er gönnte sich kaum noch eine Pause zwischen den Liedern und forderte uns lauthals auf, mit ihm auf das Wohl seiner „prima" zu trinken, ehe er wieder loslegte. Sein Gesang wurde immer heftiger, immer mitreißender. Aber sein Witz und sein Charme waren verflogen. Er wirkte nicht betrunken, sondern besessen, und hatte nur noch Augen für das Kommen und Gehen dieser merkwürdigen Blondine.

Mir war es recht, als der Barmann ein weiteres Bier mit der Ankündigung servierte, dies sei die letzte Runde, er wolle Schluss machen. Auch alle anderen hatten es plötzlich eilig aufzubrechen – außer Nelson und dem zerstrittenen Paar im Hintergrund. Niemand wollte zusehen, wie eine lange, heitere Nacht im düsteren Morgengrauen eines Eifersuchtsdramas mündete. Auf dem

Heimweg sprachen wir vor allem über die verkrampfte Höflichkeit, mit der Nelson den alten Ex-Musiker behandelt hatte, und über den Verdacht, er könnte in diesem einsamen, verarmten Alten seine eigene Zukunft sehen.

Der Heimweg war kurz. Am Parque Central standen wie immer direkt vor dem Hotel Inglaterra ein paar gelbe Taxis – neue französische Autos mit Klimaanlagen – und an der anderen Seite des Platzes eine verzweifelt lange Reihe klappriger Sowjetautos, deren Besitzer es nur selten schafften, den regulären Taxis Kundschaft wegzuschnappen. Als wir draußen in Havanna Vedado im pompösen Hotel Nacional gewohnt hatten, endete jeder abendliche Altstadtausflug mit der Frage, ob wir mit einem regulären Taxi über den Malecón sausen wollten, die allnächtlich wind- und gischtgepeitschte Uferstraße mit den salz- und rußzerfressenen Prachtfassaden am offenen Meer, oder ob wir in eines der Sowjetautos steigen sollten, deren Besitzer stets erklärten, sie mieden den Malecón, weil die salzige Gischt dem Autolack schade, und stattdessen durch die holprigen Nebenstraßen von Havanna Centro schaukelten. Dieser zweite Weg dauerte länger, war aber abwechslungsreicher. Wir hatten ihn oft gewählt, auch aus Mitleid mit den Besitzern der reparaturbedürftigen Autos, obwohl sie stets auf demselben Fahrpreis bestanden, den die regulären Taxis kosteten.

Aber für die letzten Tage waren wir ins Hotel Inglaterra umgezogen. Das lag nicht nur günstiger und war nicht nur billiger, sondern auch gemütlicher mit seiner verblichenen viktorianischen Pracht. Es war ein angenehm kühler, grauer Morgen. Eine hohe Wolkendecke bewahrte uns vor einem dramatischen Sonnenaufgang. Es war genau das richtige Wetter, um einen Rausch auszuschlafen, unberührt vom anschwellenden Verkehrslärm unter den offenen Fenstern. Als ich nachmittags mit unserem Gepäck aus dem Hotel kam und ein Taxi rufen wollte, trat mir ein Mädchen im eleganten Kostüm einer erfolgreichen Geschäftsfrau in den

Weg. „Zum Flughafen?“, fragte sie. „Warum nehmen Sie nicht einen schönen alten Buick?“ Das war ein verführerischer Vorschlag, und der Preis, den sie verlangte, war auch nicht mehr, als ein Taxi gekostet hätte.

Nur selten waren wir einem dieser amerikanischen Straßenkreuzer aus vorrevolutionären Zeiten begegnet, die jahrzehntelang im sozialistischen Kuba ein ganz normaler Anblick gewesen sein sollen. Bis heute gehört es zu den Standardmotiven von Dokumentarfilmen über Kuba, ganze Flotten solcher Wagen aus den fünfziger Jahren vor die Kamera zu lotsen, obwohl sie inzwischen über die Straßen Havannas eher seltener rollen als über den Hollywood Boulevard in Los Angeles.

Wir stiegen ein. Die Frau hatte uns nur bis an die Autotür begleitet und sich wieder dem Hoteleingang zugewandt, um weitere Kundschaft für ein paar andere amerikanische Oldtimer aufzutreiben, die in diskreter Entfernung parkten. Unser Fahrer war ein Diplom-Ingenieur, verheiratet mit einer Ärztin – einer der vielen Akademiker Havannas, die sich als Chauffeure Touristen-Dollars verschaffen, weil es für die Pesos von Gehaltsempfängern kaum mehr zu kaufen gibt als Grundnahrungsmittel. Er legte eine Kassette ein mit Musik, die nach den Zeiten von Buena Vista Social Club klang. Als ich ihn fragte, wie alt diese Aufnahmen seien, antwortete er genüsslich: „Hier ist alles fünfzig Jahre alt – das Auto, die Musik und der Fahrer.“

Als wir die Plaza de la Revolución passierten, auf der Fidel Castro zu feierlichen Anlässen seine Marathonreden hält, versuchte ich möglichst lange das Innenministerium im Blick zu behalten. Auf der Fassade ist Che Guevaras berühmtes Porträtfoto zu einer ein Dutzend Stockwerke hohen Silhouette aus schwarzen Metallbändern abstrahiert. Seit dem triumphalen Staatsbegräbnis für Ches aus Bolivien heimgeholte Leiche steht auf seinem Mausoleum in Santa Clara, dem Ort seines größten militärischen Erfolgs, das höchste, sowjetischklotzige Monument für den Comandante. Aber das

Porträt am Revolutionsplatz in Havanna bleibt das eindrucksvollste Denkmal für diese Kultfigur, die von sozialistischer Obrigkeit und murrendem Volk gleichermaßen verehrt zu werden scheint; diesen allgegenwärtigen Kopf, der hier noch nicht zum bloßen Pop-Accessoire verblasst, sondern eine Ikone revolutionärer Hoffnungen geblieben ist und Kubas Ausharren in der Ärmlichkeit eines Wartesaals erträglicher macht; das Ausharren in einer sozialistischen Gegenwart, die gegenüber Fremden oft mit vorsichtigem Spott abgetan wird durch ironische Verklärung von Kubas vorrevolutionärer Vergangenheit – eine Verklärung, die selbst in der Nachbarschaft von Havannas Revolutionsmuseum so weit gediehen ist, dass amerikanische Gangster der vierziger und fünfziger Jahre mit Fotogalerien geehrt werden in den prächtig renovierten Foyers von Hotels, in denen sie einst Hof hielten, bis sie vor Fidels und Ches Revolutionären fliehen mussten.

Der letzte Blick auf Che an der Plaza de la Revolución erinnerte mich auch an die beiden Brüder in einer Provinzstadt, die mich in ihr schönes altes Elternhaus eingeladen hatten, um mir Zigarren aus ihrer schwarz gehorteten Kollektion aller Marken von Havanna zu verkaufen. Sie unterbrachen das Feilschen um die Preise, als sie merkten, dass mein Blick an einem großen Che-Guevara-Porträt hängenblieb – es war neben einer kleinen, blumengeschmückten Madonnenfigur der einzige Wandschmuck im Wohnzimmer. „Ja, Che Guevara", riefen sie unisono und mit einem Pathos wie die Straßenjungen, die den Touristen gegen Dollars die selten gewordenen Peso-Münzen oder Peso-Banknoten verkaufen, auf denen der Comandante abgebildet ist. „Wissen Sie", versicherte mir dann der eine mit verschwörerischem Ernst, „Che war intelligenter als Fidel!" Die beiden Brüder müssen noch Kinder gewesen sein, als Che zu seinem unseligen bolivianischen Abenteuer verschwand, aber der andere fügte feierlich seinen Glauben hinzu: „Wenn der Che noch hier wäre, ginge es Kuba besser."

Leonardo Padura

Der Nebel von gestern

Die Calzada de Monte und eine auf den irreführenden Namen „Hoffnung" getaufte Straße – die Calle Esperanza – bilden einen Keil, der in das welke Fleisch Havannas eindringt und bis in die Eingeweide des Teils vorstößt, der früher einmal die befestigte Altstadt war. Im Innern dieses seit jeher benachteiligten Dreiecks, dessen Spitze in unmittelbarer Nähe des Mercado Único liegt, während die dicht bevölkerte Calle del Egido seine Basis darstellt, hat sich im Laufe der Jahrhunderte der menschliche, architektonische und historische Abfall dieser selbstherrlichen Stadt angesammelt, die sich immer mehr nach Westen ausgebreitet und von ihrem Kern entfernt hat. Ein Sammelbecken für ausgebeutete Proletarier, Ganoven aller möglichen Hautfarben, Huren, Drogendealer und Immigranten aus den übrigen Regionen des Landes und der ganzen Welt auf der Suche nach einer Chance, die sie in diesem Leben nie hatten. Die Calzada de Monte mit ihren Geschäften von Libanesen, Syrern und polnischen Juden, die Stoffe, Secondhandkleidung und allen möglichen billigen Plunder verkaufen, markierte in früheren Zeiten die Grenze zwischen der prachtvollen Welt der feinen Geschäftsviertel Havannas mit ihren Palästen und Luxusgeschäften, ihren Parks und Brunnen, ihren Theatern, Tanzlokalen und Hotels und den weniger feinen Stadtvierteln Atarés und Jesús María mit ihren engen Straßen und ihren billigen Wohnblocks ohne jedes architektonische Konzept, in denen, zusammengepfercht und entwürdigt durch Elend und Ausgrenzung, Schwarze und arme Weiße wohnten. Dieser Stadtbezirk, der regelmäßig von den schwarzen Emissionen des Wärmekraftwerks von Tallapiedra verdunkelt, von ausströmendem Butangas vergiftet und von dem üblen Gestank der heruntergekommenen Hafenbucht verpestet wird, war für die Bewohner Havannas von jeher ein Territorium, das man den Ausgestoßenen, den „Ungläubigen“, überlassen hatte, ohne Hoffnung und Absicht, es jemals wieder zurückzuerobern. Die Geschichte scheint über dieses Straßengewirr hinweggegangen zu sein, ohne innezuhalten, während Generation um Generation in Schmerz, Vergessen und Elend versank und einen Widerstandsgeist entwickelte, der sich immer wieder in Illegalität, Lasterhaftigkeit und Gewalt entlädt, mit dem einzigen Ziel, um jeden Preis und mit allen Mitteln das eigene Überleben zu sichern.

In seinen Jahren als Polizist hatte Mario Conde jedes Mal furchtbar gelitten, wenn ihn seine Ermittlungen in diesen Winkel Havannas führten, wo niemand jemals etwas wusste oder gesehen oder gehört hatte. Umso verächtlicher waren die Blicke, mit denen die Bewohner ihren Hass auf die Vertreter einer ihnen fremden und stets repressiven Ordnung offen zum Ausdruck brachten. Gewalt als Ventil ständiger Frustrationen war hier die übliche Währung, mit der Schulden und Beleidigungen beglichen wurden. In diesem Gebiet, einem verminten Gelände gleich, wo Schwäche die schlimmste aller Krankheiten darstellte, herrschte schon seit ewigen Zeiten das Gesetz des Stärkeren.

Seit El Conde dem Beruf eines Buchhändlers nachging, war er nie wieder in diesem anarchischen Stadtviertel gewesen. Er hätte, das wusste er im Voraus, seine Zeit vergeudet – und möglicherweise nebenbei auch die Brieftasche, die Schuhe oder andere ihm heilige Besitztümer eingebüßt –, wenn er es gewagt hätte, durch diese Straßen zu streifen und nach etwas so Exotischem und Verdächtigem wie Büchern Ausschau zu halten. Doch obwohl er sich ausmalen konnte, dass die düsteren Tage der Krise in diesem Bermudadreieck des Elends besonders heftig gewütet hatten, war er überrascht, wie weit die durch die angeblich überwundenen harten Jahre des größten Mangels hervorgerufene Verwahrlosung tatsächlich vorangeschritten war.

An der tristen und schmutzigen Straßenkreuzung Cuatro Caminos – früher einmal berühmt wegen der Restaurants an ihren vier Ecken, die sich in Qualität und Preis mit den jeweils gleich weit entfernten Konkurrenten maßen – stieg El Conde aus dem Mietwagen und ging durch gewundene Gassen zur Calle Esperanza. Jetzt verstand er, warum Yoyi El Palomo behauptet hatte, das Chinesenviertel sei nur der erste Kreis der Hölle. In einer Atmosphäre latenter Gefahr schlich er durch ein Labyrinth unpassierbarer, mit Abfall und Schutt übersäter Straßen. Es sah aus wie nach einem Krieg: Häuser kurz vor dem Einstürzen, durchzogen von nicht zu reparierenden Rissen, abgestützt von durch Sonne und Regen zerfressenen Holzbalken; überquellende Mülleimer, stinkende, infektiöse Hügel, in denen junge Männer nach irgendwelchen recycelbaren Wundern herumstocherten; Horden von streunenden, mit Krätze übersäten Hunden, die nichts mehr in sich hatten, was sie auf die Straße scheißen konnten; Straßenverkäufer, die laut schreiend Avocados, Besen, Wäscheklammern, Batterien für Taschenlampen, Klos aus zweiter Hand – oder besser gesagt, zweitem Hintern – und Brennholz fürs Herdfeuer feilboten; vom Leben hart gewordene Frauen, streitsüchtig wie aufgeklappte Messer, angetan mit Leggins in phosphoreszierenden Farben, die mit jedem Tag enger wurden und die ausladenden Formen ihrer Hinterteile zur Geltung brachten. El Conde überkam das Gefühl, die Grenzen zum Chaos überschritten zu haben, zu einer Welt am Rande einer kaum noch aufzuhaltenden Apokalypse.

Schlagartig wurde ihm bewusst, dass die Aufgabe, die er sich gestellt hatte, unmöglich zu erfüllen war. Sämtliche Vorwände, die er sich ausgedacht hatte – sich als Journalist auszugeben oder als ein entfernter Verwandter von irgendjemandem, als Angestellter des Gesundheitsamtes, der einen Aidskranken abholen wollte, oder als jemand, der verzweifelt ein Zimmer zu mieten suchte –, würden in sich zusammenfallen, sobald er seine ersten Fragen gestellt und den wahren Grund für sein Interesse enthüllt hätte. Die einzige Möglichkeit, die schmale Spur von Elsa Contreras zu verfolgen – also der Tänzerin Flor de Loto, die laut Silvano Quintero hier irgendwo wohnen musste –, bestand deshalb darin, dass sich sein ehemaliger Informant Juan Serrano Ballester, alias Juan der Afrikaner, zurzeit im Viertel aufhielt und nicht, wie üblich, im Gefängnis saß.

Vor dem Haus in der Calle del Alambique angekommen, in dem Juan geboren war und die wenigen Jahre seiner Freiheit genossen hatte, stellte El Conde erleichtert fest, dass sich niemand in der Nähe der Eingangstür aufhielt. Wieder einmal fragte er sich, warum es dem Polizeispitzel trotz all der Diebstähle, Betrügereien und Raubüberfälle, die er in seinem tristen Leben verübt hatte, nie gelungen war, dieser elenden Umgebung zu entfliehen. Das Gebäude stammte vom Anfang des 20. Jahrhunderts, hatte drei Stockwerke, keine Balkone und eine abweisende Fassade, die mehr an ein Gefängnis als an ein Wohnhaus erinnerte. Wo früher einmal eine Tür gewesen war, die den Hausflur und die Treppe von der Straße abschirmen sollte, gähnte jetzt ein zahnloses Loch. El Conde nahm an, dass das Holz der Tür und des Rahmens in den eisigsten Zeiten der Krise irgendeinem Holzofen geopfert worden war. Über dem Boden hing eine Dunstwolke aus Schweinekot und Urin, und die Treppe herab kam ein ebenso übel stinkendes Rinnsal geflossen, wahrscheinlich aus den kaputten Abwasserrohren.

Juan wohnte in der dritten Etage dieses Albtraums, in dem kleinen Zimmerchen, das ihm geblieben war, nachdem er den Rest der beklemmenden Wohnung an eine Frau aus Guantánamo hatte abtreten müssen, die ihm Zwillinge geboren hatte. Das Zimmerchen lag im hinteren Teil des Hauses, und so musste man einen schmalen, von vielen Türen gesäumten Gang durchqueren. Über einen Teil des Korridors, dessen Boden vor ewigen Zeiten eingebrochen war, hatte man zwei Bretter gelegt, über die man in einem Balanceakt zu den hinteren Zimmern gelangten konnte. El Conde holte tief Luft, um während des Tanzes über die Bretter wenigstens nicht atmen zu müssen, breitete wie ein Artist die Arme aus und stürzte sich ins Abenteuer. Vor der Tür des Afrikaners fragte er sich, ob die Hartnäckigkeit, mit der er die Einzelheiten des Endes einer vergessenen Sängerin herauszufinden versuchte, wirklich gerechtfertigt war, und wieder einmal sprach die Logik dagegen. Doch irgendetwas Unerklärliches veranlasste ihn, seinen Weg weiterzugehen und an die Tür zu klopfen.

Als Juan ihn erkannte, wäre er beinahe in Ohnmacht gefallen. Erst knapp zwei Monate zuvor war er aus dem Gefängnis entlassen worden, nachdem er eine dreijährige Haftstrafe wegen fortgesetzten Betruges abgesessen hatte. Ein Polizist vor seiner Tür, aufgetaucht aus einem dunklen Winkel seiner Vergangenheit, das konnte nur Ärger bedeuten.

„Keine Panik, Mann, ich bin nicht mehr bei der Polizei", beeilte sich El Conde ihn zu beruhigen, doch der andere schüttelte argwöhnisch den fein gemeißelten schwarzafrikanischen Kopf. „Ich schwörs dir, Alter, ich bin seit mehr als zehn Jahren nicht mehr dabei."

„Schwörst dus bei deiner Mutter?", fragte der Afrikaner, überzeugt davon, dass niemand imstande sei, bei seiner Mutter falsch zu schwören; außer er war wirklich dazu gezwungen.

„Ich schwörs bei meiner Mutter", versicherte El Conde und dachte an Yoyi und seine Schwüre. „Ich brauche deine Hilfe, Juan. Aber diesmal geht es nicht darum, dass eine Hand die andere wäscht … Ich bezahle bar“, fügte er hinzu und klopfte sich auf die Hosentasche.

„Haben sie dich rausgeschmissen?“

„Nein, ich bin freiwillig gegangen.“

Der Afrikaner schloss die Augen, um die Information zu verarbeiten. „Verstehe, du bist jetzt Leiter von einer dieser Kooperativen und arbeitest mit Ausländern zusammen, ja? Machst jede Menge Dollars, was?“

„Ich bin Leiter von gar nichts. Kann ich reinkommen?“

„Erst wenn du noch mal schwörst, dass du nicht mehr bei der Polizei bist. Schwörs bei deinen Kindern. Sie sollen tot sein, bevor du nach Hause kommst, wenn du gelogen hast.“

„Ich schwörs bei meinen Kindern.“

El Conde hatte sich überlegt, dass es in dieser Situation das Beste sein würde, dem Afrikaner reinen Wein einzuschenken oder ihm zumindest den Teil der Wahrheit anzuvertrauen, der mit der Suche nach der verlorenen Zeit von Violeta del Río zu tun hatte, so unwahrscheinlich seine Motive für jeden logisch denkenden Menschen auch sein mochten. Während er noch seine Geschichte ausbreitete, dachte er darüber nach, wie sein ehemaliger Informant ihm helfen könnte; denn kaum hatte er ihm erklärt, was er von ihm wollte, hatte Juan ihm den kürzesten Weg zum Ziel versperrt, indem er seinerseits erklärte, er kenne selbst den Namen jedes einzelnen Straßenköters im Viertel, aber die Namen Elsa Contreras oder Flor de Loto habe er noch nie gehört.

„Sieht schlecht aus, Conde, ich kann dir nicht weiterhelfen“, sagte Juan mit einem zufriedenen Lächeln in seinen rötlichen Augen. Wahrscheinlich hoffte er, dass der ehemalige Polizist so schnell wie möglich wieder durch die Tür verschwinden würde, durch die er hereingekommen war.

„Ich muss unbedingt wissen, ob die Frau hier wohnt oder nicht. Und deshalb möchte ich mit jemandem sprechen, der wirklich alle im Viertel kennt. Willst du dir denn nicht ein paar Pesos verdienen? Hör mal, du könntest sagen, ich bin ein Cousin deiner Exfrau, der für einige Tage bei dir wohnt. Gerade aus dem Knast gekommen oder so, was meinst du?"

Der Afrikaner brach in schallendes Gelächter aus. „Bist du verrückt, Mann? Hier sind alle letzten Monat aus irgendeinem Knast gekommen. In welchem willst du denn gesessen haben, wo dich doch kein Mensch irgendwo gesehen hat?"

El Conde musste zugeben, dass das keine gute Idee war. Der Afrikaner machte ihm einen anderen Vorschlag: „Also, wir könnten sagen, du bist ein Cousin von meiner Ex aus Guantánamo, kommst aber aus Matanzas. Da hast du Rinder geschlachtet, illegal, versteht sich, und deshalb ist die Polizei hinter dir her. Jetzt bist du hier, um Gras über die Sache wachsen zu lassen. Wie findest du das?"

„Gut find ich das."

„Hier kannst du aber nicht bleiben. Schon deshalb nicht, weil kein Platz ist …" Juan breitete die Arme aus und berührte fast die Wände des zweieinhalb mal vier Quadratmeter großen Lochs.

„Ich könnte abends nach Hause gehen und am nächsten Morgen wiederkommen."

„Und wenn du die Frau siehst, tauchst du ab."

„Dann tauch ich ab", bestätigte El Conde.

„In Ordnung. Jetzt zum Wichtigsten: Wie viel krieg ich dafür?"

„Tausend Pesos", sagte El Conde in der Hoffnung, ihn durch die Zahl zu beeindrucken.

„Für tausend riskier ich nicht mein Leben." Der Afrikaner strich sich gähnend über eine der drei Narben, die in seinem Gesicht glänzten. „Zweitausend, und du zahlst das Essen und alles andere."

„Okay", sagte El Conde ohne Zögern.

„Gut. Erst mal müssen wir dich im Viertel bekannt machen. Wir trinken ein paar Gläschen, und dann gehen wir zu Veneno, in seine Esskneipe. Der Typ weiß, was hier im Viertel so abgeht. Ich sorg dafür, dass er sich zu uns setzt, und alles andere machst du. Wirst ja wissen, wie du an deine Informationen kommst. Aber ich warne dich: Wenn der merkt, dass wir ihn aushorchen wollen, sind wir reif."

„So schlimm wirds schon nicht werden", beruhigte El Conde den Afrikaner. Der zuckte nur mit den Achseln.

„Gibt mir das Geld, ich brauch es dringend."

El Conde sah den Exsträfling an und schüttelte den Kopf.

„Ich bin vielleicht blöd, aber so blöd nun auch wieder nicht …"

„Die Hälfte, komm schon", flehte Juan beinahe. „Versteh mich doch: Ein paar Typen sind hinter mir her. Ich habe ein Geschäft versemmelt, und jetzt schulde ich ihnen Geld. Wenn ich einen Teil rüberschiebe, sind sie erst mal beruhigt. Wenn nicht, kann ich mich nicht vor die Tür wagen. Diese Leute sind zu allem fähig …"

El Conde dachte einen Moment nach. Ihm war klar, dass er keine Wahl hatte.

„In Ordnung, ich geb dir die Hälfte. Den Rest kriegst du, wenn ich die Frau finde."

Als sie auf die Straße hinaustraten, war zunächst kein Passant zu sehen. Die mörderische Mittagssonne hatte die Menschen vertrieben, und die Musik hatte den Raum erobert. Melodien in ohrenbetäubender Lautstärke konkurrierten miteinander, Klänge von Boleros, Merengues, Balladen, Mambos, Sones, Guarachas, Hardrock und Schmuserock, Danzones, Bachatas und Rumbas. Die Häuser versuchten, durch die geöffneten Türen und Fenster ein wenig heiße Luft einzuatmen. Versteckt in den Eingängen saßen Männer und Frauen aller Altersklassen in ihren Schaukelstühlen und genossen, trotz des infernalischen Lärms, die künstliche Brise der Ventilatoren, während sie lethargisch die tote Mittagszeit verstreichen ließen.

Zwei Straßen weiter betraten sie einen Wohnblock, in dessen Innenhof mehrere Männer Bier tranken und ebenfalls in Musik badeten. Eine Mulattin von etwa vierzig Jahren, vermutlich die Betreiberin der illegalen Kneipe, mit von bunten Perlen durchflochtenen Zöpfen, eingezwängt in phosphoreszierende Leggins, die es kaum schafften, die überflüssigen Pfunde zu bändigen, sah den Afrikaner fragend an, als er mit einem Unbekannten auf den Hof kam.

„Bring uns zwei Bier und guck nicht so blöd, das ist mein Kumpel."

„Ist mir scheißegal, ob das dein Kumpel ist oder nicht. Ich will hier keine komischen Vögel!", keifte die Mulattin und sah Mario misstrauisch an.

„Komm, Afrika, wir ziehen Leine. Soll sie sich ihr Bier doch in den Arsch schieben." El Conde drehte sich um und schickte sich an, in Richtung Straße zu gehen, als ihn eine Stimme zurückhielt.

„Langsam, Kollege, hau nicht gleich ab." El Conde sah sich um. Neben Juan dem Afrikaner stand Michael Jordan oder zumindest sein Double: ein Riese von einem Schwarzen im Dress der Chicago Bulls, massig, kompakt, mit rasiertem Schädel. „Die Frau quatscht nur Scheiße."

„Was soll denn das Theater? Das ganze Viertel weiß doch, dass es hier Bier gibt", sagte El Conde. Michael Jordan reichte ihm eine eisgekühlte Flasche, während er die, die für den Afrikaner bestimmt war, noch zurückhielt.

„Los, gib schon her, Mann", sagte Juan lachend.

„Traust du dich wieder auf die Straße?", fragte ihn Michael Jordan.

„Hab alles im Griff, gleich gehen wir zu Veneno."

„Freut mich für dich, Bruder", sagte Michael Jordan und lachte jetzt ebenfalls. „Lebend bist du ja schon hässlich, aber wenn du erst mal tot bist, kannst du dem Schrecken Angst einjagen!" Er drehte sich zu El Conde um und zeigte ihm seine blitzenden Zähne.

Drei Biere später hatte Mario Conde erklärt, wie das Geschäft mit dem Rinderdiebstahl und dem illegalen Schlachten auf den immer kahleren Ebenen von Matanzas funktionierte, und im Gegenzug hatte er erfahren, wo man hier im Viertel Trikots von Basketball-, Fußball- und Baseballmannschaften kaufen konnte und wo Trockenmilch und Öl. Er wusste jetzt, wo sich das bestsortierte Lager für Küchengeräte befand, das direkt von den Lagerhallen im Hafen „beliefert" wurde. Nach dem fünften Bier hatte er eine ziemlich genaue Vorstellung davon, an welchen Ecken und zu welchen Zeiten mit Marihuana oder Ecstasy gedealt wurde, und er wusste, dass es auch möglich war, an Crack oder Koks zu kommen. Er kannte jetzt sogar die Tarife der Huren hier im Viertel: die der „Dauerlutscher", die sich auf Oralverkehr spezialisiert hatten; der „Schlampen", die zwar am billigsten, aber nicht gerade zu empfehlen waren; der „Flexiblen", die für alle Praktiken offen waren; und der glücklosen *jineteras*, der jungen Gelegenheitshuren, wahre Zuckerstückchen, die man manchmal schon zu moderaten Preisen haben konnte (allerdings nur gegen Devisen und erst am Ende von Nächten, in denen sie keinen Erfolg bei der Jagd auf Dollars in Hotels und Touristenlokalen gehabt hatten). Eine pulsierende und gleichzeitig gemächliche Atmosphäre – mit Zeit zum Leben und Zeit zum Kämpfen – herrschte hier in diesem Getto, durch dessen Straßen regelmäßig Polizisten patrouillierten, bald zu Fuß und bald im Auto, wie um daran zu erinnern, dass der Käfig zwar offen stand, aber nichtsdestoweniger existierte.

„Ich komm um vor Hunger, gehn wir was essen", schlug Juan vor, und sie traten wieder auf die Straße hinaus, in den Lärm und in die Sonne.

Sie gingen durch schmutzige Straßen, die alle gleich aussahen, und dann kletterten sie durch das Loch eines kaputten Zauns aus Holz und Zinkblech, der die Ruinen dessen absperrte, was früher einmal ein dreistöckiges Gebäude gewesen war und dem jetzt das Dach und sämtliche Zwischenböden fehlten. Nur das Skelett hatte überlebt. Zwischen den Balken hingen an Schnüren und Drähten Blechdächer und Zeltplanen, die dazu bestimmt waren, riesige Kartons und unförmige Gebilde vor Sonne und Regen zu schützen.

„Da leben die, die überhaupt kein Dach über dem Kopf haben. Die meisten von ihnen sind vor Kurzem aus Ostkuba gekommen. Fast alle verdienen ihr Geld mit Fahrradtaxis. Schlafen in den Kojen ihrer Fahrräder, scheißen in Tüten, die sie hinterher auf den Müll werfen, und duschen, wann sie können", erklärte der Afrikaner.

„Und man lässt sie da einfach so wohnen?" Naiv, wie er war, versuchte El Conde, die Situation zu verstehen.

„Man zerstört ständig ihre provisorischen Dächer und schmeißt sie raus, aber eine Woche später sind sie wieder da. Dieselben oder andere … Es geht nur darum, nicht zu verhungern."

Sie durchquerten die Ruine, und schließlich stieß Juan eine Holztür auf. Er steckte den Kopf durch die Öffnung, und kurz darauf kam ein mit Goldketten behängter Mulatte heraus.

„Das ist Veneno, mein Kumpel", sagte Juan zu El Conde. „Und das ist ein Freund", stellte er Mario vor. Der Mulatte musterte den Fremden und ging dann mit dem Afrikaner wortlos ein paar Schritte ins Innere der baufälligen Behausung. Mario konnte nicht verstehen, was die beiden miteinander redeten; er sah nur, wie Juan das Bündel Geldscheine aus der Tasche zog, das er ihm gegeben hatte, und es Veneno reichte, der es nicht gerade begeistert in Empfang nahm.

Als sie in dem von Veneno betriebenen Freiluftrestaurant saßen, bestellte Juan – in der Absicht, Mario für seine Dienste so viele Pesos wie möglich aus der

Tasche zu ziehen – das Teuerste, was das illegale Lokal zu bieten hatte: Krabbencocktail und danach paniertes Rindersteak. Nach dem Kaffee lud der Afrikaner Veneno ein, sich zu ihnen zu setzen und ein Bier mit ihnen zu trinken, und dann kam er ganz zufällig auf eine Cousine der Mutter El Condes zu sprechen, die, wie sein Freund glaubte, hier im Viertel wohne.

„Elsa Contreras?", wiederholte Veneno und trank einen Schluck Bier. Er war ein hellhäutiger, fast weißer Mulatte, der seinen Wohlstand stolz zur Schau stellte: mehrere mit 18-karätigem Gold überzogene Zähne, drei Goldketten mit Goldmedaillons (in friedlicher Koexistenz mit bunten Perlenketten), Goldringe mit Steinen, zwei Armreifen aus massivem Gold und eine Rolex, ebenfalls aus massivem Gold. Alles in allem ungefähr zwei Kilogramm Edelmetall. Dieser Goldregen konnte unmöglich auf die Gewinne aus einer windigen Esskneipe zurückzuführen sein, und El Conde vermutete, dass dies lediglich der sichtbare Teil der illegalen und halb legalen Geschäfte des Mulatten war. Doch für den Augenblick vergaß er seine Vermutungen, zündete sich eine Zigarette an und nahm einen weiteren Schluck.

„Das war vielleicht 'ne Nummer, die Cousine meiner Mutter", sagte er. „Bei uns zu Hause wurde nicht viel von ihr gesprochen, sie war nämlich 'ne Hure und hat nackt im Shanghai getanzt."

„Die muss doch jetzt steinalt sein, oder?", mutmaßte Veneno.

„So um die achtzig bestimmt, glaub ich, wenn sie inzwischen nicht schon abgenibbelt ist …"

„Ehrlich gesagt, der Name sagt mir nichts, aber wenn du noch ein paar Tage hier im Viertel bleibst, versuch ichs für dich rauszukriegen."

„Prima. Mal sehen, vielleicht besuch ich sie dann", sagte El Conde und hob drei Finger in Richtung Kellner.

Als Mario Conde abends unter der Dusche stand und versuchte, sich den Schmutz, die Gemeinheit und die Hässlichkeit von der Haut zu spülen, die sich während des Tages, eines der denkwürdigsten in seinem Leben, angesammelt hatten, stellte er sich wieder einmal die Frage, wie es möglich war, dass im Herzen Havannas ein derart verkommenes Universum existierte, in dem Menschen wohnten, die in derselben Zeit und derselben Stadt wie er geboren und ihm trotzdem so fremd waren, ihm in ihrer fortschreitenden Entwürdigung fast unwirklich vorkamen. Die Erfahrungen, die er in den wenigen Stunden gemacht hatte, übertrafen seine schlimmsten Befürchtungen, und er fragte sich, ob er den langen Atem haben würde, der nötig war, um die Übelkeit erregende Suche fortzusetzen.

Nachdem sie in Venenos Lokal gegessen und einige Bierchen gekippt hatten, hatte der Afrikaner ihn um einen weiteren Vorschuss von dreihundert Pesos gebeten, die, wie er behauptete, für ihre Recherche unabdingbar seien. In seinem eigenen Netz gefangen, hatte El Conde ein paar Zwanzigerscheine abgezählt und sie seinem ortskundigen Führer hingehalten.

„Aber lass dir eins gesagt sein", er sah ihm direkt in die Augen und wedelte mit den Scheinen, „ich bin zwar nicht mehr bei der Kripo, aber ich hab immer noch viele Freunde dort. Versuch also nicht, mich reinzulegen, es würde dir schlecht bekommen. Ich kann dich zur Sau machen, ist das klar?"

„Mann, Conde, ich könnte dich doch nicht …"

„Dann versuch erst gar nicht zu können", warnte er und gab ihm das Geld. „Vergiss nicht, ich finde dich überall und jederzeit."

Beschwingt vom Bier und der soeben erhaltenen Summe bat Juan ihn, an einer Straßenecke zu warten, und ging in ein Wohnhaus, das noch düsterer wirkte als das, in dessen Innenhof sich Michaels Jordans Flüsterkneipe befand. Fünf Minuten später kam der Afrikaner zufrieden grinsend zurück und schlug El Conde vor, mit ihm auf das Flachdach seines Wohnblocks zu steigen, um sich das Viertel aus der Vogelperspektive anzusehen.

Zwischen zwei nicht abgedeckten Wassertanks und traurigen Wäscheleinen, an denen zerrissene oder ausgebesserte Wäsche hing, hatte El Conde einen herrlichen Blick über das Viertel, in dem es am späten Nachmittag lebhaft zuging. Er wusste, dass hinter den dunklen Betonbauten und den rußgeschwärzten Schornsteinen des Wärmekraftwerks, ganz in der Nähe des Viertels und doch so fern, das Meer lag. Der süßliche Duft nach verbranntem Marihuana holte ihn aus seinen geografisch-philosophischen Überlegungen in die Wirklichkeit zurück. Er drehte sich um und sah Juan den Afrikaner gegen einen der Tanks gelehnt einen Joint rauchen. (…)

„So was rauchst du doch, oder? Und damit du siehst, dass ich mein Geld mit Freunden teile", fügte er breit grinsend hinzu, „lad ich dich zu 'ner Nummer ein."

Der Vorschlag überraschte Mario, und er wusste nicht, was er darauf sagen sollte. Im Laufe seines Lebens, das er komplett zwischen den vier Wänden der Insel verbracht hatte, hatte er an den unterschiedlichsten Abenteuern körperlicher und geistig-sittlicher Art teilgenommen, innerhalb oder außerhalb der Kripozentrale, meistens in betrunkenem, gelegentlich aber auch in erstaunlich nüchternem Zustand. Doch bis jetzt hatte er noch nie für Sex bezahlt und war auch noch nie dazu eingeladen worden. Erstaunt musste er feststellen, dass ihm ein Schauder über den Rücken lief. Eigentlich würde ich es ganz gern mal ausprobieren, dachte er.

„Wenn du wirklich wissen willst, was hier im Viertel abgeht, musst du alles mitmachen. Oder willst du, dass sie Verdacht schöpfen?", sagte Juan und ging los.

„Ach, lass gut sein", versuchte Mario halbherzig zu widersprechen.

„Hör mal", knurrte der Afrikaner in drohendem Ton, „was soll das? Bist wohl 'n bisschen zart besaitet, was? Rauchst kein Gras und fickst keine Weiber … Bist doch wohl nicht schwul, Mann?"

Mitten in einem Wohnhaus befand sich die „Knallhütte", wie es der ehemalige Informant nannte. Ein altes Ehepaar vermietete stundenweise drei Zimmer an Pärchen, die keine eigene Wohnung hatten, und an die Huren des Viertels, die ihre Kunden dorthin mitnahmen. Laut Juan musste man sich nur in der Nähe des Privatpuffs irgendwo hinstellen und darauf warten, dass die inzwischen wieder geschäftigen Damen des Gewerbes einen bemerkten.

Mit einem Knoten im Magen lehnte sich El Conde an die Hauswand und wartete, unerfahren, sozusagen jungfräulich, auf die Dinge, die da kommen würden. Er zündete sich eine Zigarette an der Glut der letzten an und beobachtete die Passanten, die vorbeikamen. Zehn Minuten später näherten sich ihnen zwei Frauen. Die eine war eine blond gefärbte Mulattin, die andere eine Weiße, sehr dünn, mit leuchtend roten Haaren. El Conde schätzte sie auf ungefähr zwanzig, obwohl sie einerseits älter, andererseits aber wie Teenager wirkten. Der Afrikaner entschied sich spontan für die Weiße und fragte sie routinemäßig mit dem Lächeln seiner gelblichen, schiefen Zähne, wie viel ein Komplettservice bei ihr koste.

„Hundert Pesos", antwortete sie, worauf Juan erstaunt sein Gesicht verzog. „Findest du zu teuer? Hör mal, schwarzer Riese, zwanzig mit der Hand, vierzig mit dem Mund, sechzig, wenn du ihn mir reinsteckst, aber ohne Küssen, achtzig mit Küssen, hundert von hinten. Und da ist noch gar nicht mitgerechnet, dass du schwarz bist und hässlich wie die Nacht und 'ne Weiße mit 'ner rosa Fotze ficken darfst."

„Kann ich die Muschi mal anfassen, nur um zu fühlen, wie die so ist?"

„Fünf Pesos", verlangte die Hure, indem sie den handgreiflichen Annäherungsversuch des, wie sie ihn nannte, schwarzen Riesen abwehrte.

El Conde war die Spucke weggeblieben, als er die Ausdrücke gehört hatte, die zwischen dem Afrikaner und der für alles offenen „Flexiblen“ gewechselt wurden. Und er wäre beinahe in Ohnmacht gefallen, als die Mulattin ihm mit einem Lächeln, das zwei Goldzähne in dem enormen Mund sehen ließ, zusäuselte: „Und du, Süßer? Willst du keine Grundreinigung?“

El Conde nahm seinen ganzen Mut zusammen und lächelte, überzeugt davon, dass er nicht fähig sein würde, mit dieser Frau zu schlafen, nicht einmal, sie zu küssen. Er sah zu Juan hinüber, der die Situation sichtlich genoss. In diesem Moment wurde ihm klar, dass all sein Gerede von freier Moral nicht mehr war als Kinderkram in dieser verstörenden Welt, in der Sex einen anderen Stellenwert besaß und zu etwas Lebensnotwendigem wurde, einem Fluchtweg aus Elend und Spannungen, zu einem Ventil für das Leben im Chaos.

„Schluss mit dem Gequatsche“, sagte der Afrikaner. „Gehen wir rauf.“

El Conde hatte das Gefühl, dass die für den Afrikaner und die beiden Mädchen so alltägliche Situation ihn nötigte, eine der grundlegenden Entscheidungen seines Lebens zu treffen: entweder weglaufen aus dem Viertel und seine ins Wanken geratene Ethik retten oder dem Drang seiner krankhaften Neugier nachgeben und an diesem rein kommerziellen Akt teilnehmen, solange es ihm sein Magen erlaubte. Bereit, sich auf das unwürdige Spiel einzulassen, schob er die Gedanken beiseite und folgte den dreien in die Wohnung. Juan, der bereits den kleinen, griffigen Hintern der weißen Hure tätschelte, verhandelte kurz mit dem Hausherrn, einem bieder aussehenden Alten, über den Preis und akzeptierte die verlangte Summe, ohne sich die Bedingungen des „Mietvertrags“ richtig anzuhören: keine Drogen, keine Handgreiflichkeiten, kein Lärm; bezahlt wird im Voraus, stundenweise; Rum und Bier gibts in der Wohnung …

Der Alte und seine Frau setzten sich vor den Fernseher und konzentrierten sich auf die Nachrichten, als hinge ihr Leben davon ab. Ohne sie weiter zu beachten, ging El Conde wie hypnotisiert durch den Korridor und trat hinter der Mulattin in das erste Zimmer. Als er sah, dass der Afrikaner und seine Hure ihm folgten, läuteten bei ihm die Alarmglocken.

„Aber …?"

„War nur noch ein Zimmer frei", erklärte Juan, nahm einen ersten Schluck Rum aus der Flasche und fing an, seine Begleiterin wie wild zu küssen.

So sehr Mario sich auch bemühte, er wäre nicht imstande gewesen zu sagen, wie es im Zimmer aussah und was sich außer dem Bett und dem in die Wand eingelassenen Waschbecken darin befand. Aber was er nie vergessen würde, waren die Bewegungen, mit denen seine gemietete Mulattin ein Päckchen Kondome aufs Bett warf, ohne Umschweife ihre äußerst knappe Bluse hochhob und ihm zwei Brüste entgegenstreckte, deren tiefschwarze Korallen auf ihn zielten wie die Gewehre eines Erschießungskommandos auf einen zum Tode Verurteilten.

Das in ihrer Kunst erfahrene Mädchen bemerkte wohl die Angst in seinem Gesicht und schmiegte sich mit verführerisch über die Lippen leckender Zunge an ihn, sodass ihr süßlicher Duft ihn einhüllte.

„Gefallen dir meine Nippel nicht, Süßer? Willst du nicht 'n bisschen daran lecken, um mich in Fahrt zu bringen?"

In diesem Moment wusste El Conde, dass er an die Grenzen seiner Neugier gelangt war. Wenn er noch einen Schritt weiterging, würde sein Leben nicht ausreichen, um ihn zu bereuen. Und so packte er die einzige Ausrede beim Schopf, die ihm in den Sinn kam und ihm einen würdigen Abgang versprach.

„Da mach ich nicht mit. Wenn die beiden dableiben, geh ich." Er zeigte auf den Afrikaner und seine weiße Hure, die sich bereits splitternackt auf dem Bett wälzten, ohne sich im Geringsten von der Anwesenheit anderer stören zu lassen. Und ohne es sehen zu wollen, sah er es: Aus dem steifen Schwanz des Afrikaners, einer riesigen, von Adern durchzogenen und von einer violetten Eichel gekrönten schwarzen Wurst, tröpfelte bereits der Saft, und darunter baumelte ein von schwarzem Kraushaar umrahmter Hodensack, der so groß war wie der eines Stieres. Blitzartig schoss Mario die weltbewegende Frage durch den jetzt wieder klaren Kopf, ob dieses flachbrüstige Geschöpf, auf dessen Rippen man Klavier spielen konnte, überhaupt in der Lage war, das steife Glied, das jetzt gierig über ihren Bauch leckte, ganz in sich aufzunehmen, sei es in ihrer Scheide oder in ihrem Mund. Ein Gefühl der Leere machte sich zwischen seinen Beinen breit, und er wusste, dass sein Schicksal endgültig besiegelt war.

„Was hast du denn, mein Kleiner?“, säuselte die Mulattin beunruhigt, weil sie schon ihre pekuniären Felle davonschwimmen sah.

„Da mach ich nicht mit“, wiederholte El Conde gebetsmühlenartig die rettenden Worte.

Quellennachweis

Christoph Kolumbus
Die Entdeckung von Kuba, aus: Ders., Das Bordbuch der ersten Fahrt. Darin: 28. Oktober bis 11. November 1492: Entdeckung und Erkundung von Kuba.

Alexander von Humboldt
Über Kuba, aus: Ders., Cuba-Werk (Essai politique sur l'île de Cuba).

Guillermo Cabrera Infante
Sie sang Boleros, aus: Ders., Drei traurige Tiger. Aus dem kubanischen Spanisch von Wilfried Böhringer. © Suhrkamp Verlag Frankfurt am Main 1990

Aida García Alonso
Manuela, die Mexikanerin, aus: Hans Magnus Enzensberger, Der Weg ins Freie. © Suhrkamp Verlag Frankfurt am Main 1975

Alejo Carpentier
Le Sacre du printemps, aus dem gleichnamigen Roman, S. 240–249. Aus dem Spanischen von Anneliese Botond. © Suhrkamp Verlag Frankfurt am Main 1995

Manuel Pereira
Havanna, aus: Merian, Kuba, Heft 7, S. 39-48, Juli 1990. © Jahreszeiten Verlag, Hamburg

Jakob Strobel y Serra
Santiago de Cuba hat alle Zeit der Welt, aus: Frankfurter Allgemeine Zeitung vom 25.4.1996; Der Klassenfeind als Revolutionsretter, aus: Frankfurter Allgemeine Zeitung vom 15.5.1997; aktualisierte Version. © Alle Rechte vorbehalten. Frankfurter Allgemeine Zeitung GmbH, Frankfurt

Zoé Valdés
Café Cuba, Auszug aus dem gleichnamigen Roman. Aus dem kubanischen Spanisch von Klaus Laabs. © 2004 by Ammann Verlag & Co., Zürich. Mit freundlicher Genehmigung des Ammann Verlag, Zürich

Jesús Díaz
Erzähl mir von Kuba, Auszug aus dem gleichnamigen Roman. Aus dem Spanischen von Klaus Laabs. © 2001 Piper Verlag GmbH, München

Fidel Castro
Rede zum 40. Jahrestag der Revolution, aus: Ders., Rede von Fidel Castro anlässlich der Feierlichkeiten zum 40. Jahrestag des Sieges der Revolution im Céspedes-Park von Santiago de Cuba, am 1.1.1999. Mitschrift durch den Stenographischen Dienst des Staatsrates.

Jonathan Fischer
Essen bei Doña Juana, aus: Süddeutsche Zeitung vom 16.11.2004, © Süddeutsche Zeitung

Jakob Grasselli
Eine Nacht mit dem Troubadour, aus: Frankfurter Allgemeine Zeitung vom 10.3.2005. © Alle Rechte vorbehalten. Frankfurter Allgemeine Zeitung GmbH, Frankfurt

Leonardo Padura
Der Nebel von gestern, Auszug aus dem gleichnamigen Roman. Aus dem kubanischen Spanisch von Hans-Joachim Hartstein. © 2008 by Unionsverlag, Zürich

Trotz aller Bemühungen ist es uns nicht gelungen, für einige Texte die Urheberrechtsverwalter zu ermitteln. Wir bitten diese, sich ggf. mit uns in Verbindung zu setzen.

Autoren

Christoph Kolumbus, geboren 1451 (?) in Genua, gestorben 1506 in Valladolid. Genuesischer Seefahrer, Entdecker Amerikas. Im Bordbuch verzeichnete Kolumbus die täglichen Ereignisse seiner ersten Amerikafahrt von 1492.

Alexander von Humboldt, geboren 1769 in Berlin, ebendort 1859 gestorben. Die zweite Südamerika-Expedition des Naturforschers begann 1801 in Havanna; dort sammelte Humboldt das Material für sein geographisch-politisches Werk über Kuba, das unter dem Titel „Essai politique sur l'île de Cuba" erschien.

Guillermo Cabrera Infante, geboren 1929 in Gibara im Osten Kubas, gestorben 2005 in London. Schriftsteller, Journalist und Kulturattaché. Der Roman „Tres tristes tigres", der in Havanna während der Batista-Diktatur spielt, ist eines der Hauptwerke der lateinamerikanischen Literatur.

Aida García Alonso, Ethnologin. Ihre Aufzeichnung des Lebens von „Manuela la Mexicana", die als Köchin in Havanna arbeitete, erschien 1968 und wurde von Hans Magnus Enzensberger übersetzt.

Alejo Carpentier, geboren 1904 in Havanna, gestorben 1980 in Paris. Einer der bedeutendsten kubanischen Schriftsteller, der sich in seinem Werk immer wieder mit der Geschichte und Gegenwart des karibischen Raums beschäftigte.

Manuel Pereira, geboren 1948 in Havanna, lebt in Mexiko-Stadt. Journalist, Schriftsteller, Drehbuchautor. Vertrat Kuba als Kulturattaché bei der UNESCO in Paris. Zunächst Unterstützer, dann scharfer Kritiker Castros.

Jakob Strobel y Serra, geboren 1966 in Bonn, lebt in Frankfurt. Seit 1997 Redakteur im Reiseblatt der „Frankfurter Allgemeinen Zeitung". Hat in der Reihe der Reiselesebücher des Ellert & Richter Verlags auch den Band über Mexiko herausgegeben.

Zoé Valdés, geboren 1959 in Havanna, lebt in Paris. Kubanische Schriftstellerin und Drehbuchautorin. Wurde mit dem Roman „Geliebte erste Liebe" bekannt.

Jesús Díaz, geboren 1941 in Havanna, gestorben 2002 in Madrid. Einer der wichtigsten Vertreter der kubanischen Gegenwartsliteratur, arbeitete auch als Regisseur. 1991 ging er als Stipendiat des DAAD nach Berlin und unterrichtete dort an der Filmakademie. Aus politischen Gründen wurde ihm die Rückreise nach Kuba verweigert.

Fidel Castro, geboren 1926 in Birán/Mayarí im Osten Kubas. Stürzte gemeinsam mit Ernesto Che Guevara 1959 den Diktator Batista. Von 1959 bis 2008 kubanischer Staats- und Regierungschef. Castro hielt oft stundenlange Reden, so wie am 1. Januar 1999.

Jonathan Fischer, geboren 1964, lebt in München. Freier Journalist mit Schwerpunkt Reise und Musik, Veröffentlichungen u. a. in der „Frankfurter Allgemeinen Zeitung", der „Zeit" und der „Süddeutschen Zeitung".

Jakob Grasselli, geboren 1938 in Berlin, lebt in Frankfurt. Freier Journalist, war viele Jahre lang Redakteur der ARD-Filmredaktion. Veröffentlichungen unter anderem in der „Frankfurter Allgemeinen Zeitung", der „Frankfurter Rundschau" und in der „Rheinischen Post".

Leonardo Padura, geboren 1955 in Havanna, wo er auch lebt. Derzeit der erfolgreichste kubanische Schriftsteller. International bekannt wurde er mit seinem Kriminalromanzyklus „Das Havanna-Quartett".

Impressum

Bibliografische Information der Deutschen Bibliothek
Die Deutsche Bibliothek verzeichnet diese Publikation in der Deutschen Nationalbibliografie; detaillierte bibliografische Daten sind im Internet über http://dnb.ddb.de abrufbar.

ISBN 978-3-8319-0367-2

Textauswahl:
Jakob Strobel y Serra, Frankfurt
Redaktion:
Werner Irro, Hamburg
Gestaltung:
Büro Brückner + Partner, Bremen
Gesamtherstellung: Offizin Andersen Nexö Leipzig GmbH, Zwenkau

Das Titelbild zeigt kubanische Musiker. Die Rechte des Bildes liegen bei Jerzy Modrak/Agentur Bilderberg, Hamburg.